AJUDANDO OS FILHOS A SOBREVIVEREM AO DIVÓRCIO

Ajudando os filhos a sobreviverem ao divórcio

Archibald D. Hart

Traduzido por
Neyd Siqueira

EDITORA MUNDO CRISTÃO
São Paulo

Dados Internacionais de Catalogação na Publicação (CIP)
(Câmara Brasileira do Livro, SP, Brasil)

Hart, Archibald D. –
Ajudando os filhos a sobreviverem ao divórcio / Dr. Archibald D. Hart; traduzido por Neyd Siqueira. – São Paulo: Mundo Cristão, 1998.

Título original: Helping children survive divorce.

ISBN 85-7325-164-6

1. Filhos de pais separados 2. Pais separados I. Título.

98-2099 CDD–306.89

Índice para catálogo sistemático:
1. Filhos de pais divorciados: Sociologia 306.89
2. Pais divorciados e filhos: Sociologia 306.89

Publicado por Word Publishing, Nashiville, Tennessee, EUA.

Título Original em Inglês: Helping Children Survive Divorce

Tradução: Neyd Siqueira

Capa: Douglas Lucas

Supervisão editorial e de produção: Jefferson Magno Costa

Impressão: Imprensa da Fé, São Paulo, SP

A 1ª edição brasileira foi publicada em julho de 1998

Associação Religiosa Editora Mundo Cristão
Rua Antônio Carlos Tacconi, 79 – CEP 04810-020 – São Paulo-SP – Brasil
Telefone: (11) 5668-1700 – Home page: www.mundocristao.com.br

Editora associada a:
- Associação Brasileira de Direitos Reprográficos
- Associação Brasileira de Editores Cristãos
- Câmara Brasileira do Livro
- Evangelical Christian Publishers Association

10 9 8 7 6 5 4 3 2 02 03 04 05 06 07 08 09 10 11

Sumário

Para Gertrude e Henry.
Serei sempre grato pela vida que me deram.

Agradecimentos

No correr dos anos, várias pessoas me prepararam para este livro. Meus avós, há muito falecidos, foram a fonte de cura mais benéfica em minha vida. Eles me ensinaram a ter fé em Deus e me mostraram o caminho certo. Serei sempre grato aos meus avós.

Minha maravilhosa esposa, Kathleen, tem sido também uma inspiração constante para mim. Como a pessoa mais transparente, sincera e vibrante que conheço, ela ajudou imensamente na minha cura durante os 42 anos do nosso casamento.

Minhas três filhas, Catherine, Sharon e Sylvia, têm igualmente mérito no meu processo de cura. As crianças têm um jeito especial de ajudar e transmitir inteireza apenas com a sua presença no seu mundo. Obrigado por serem tão tolerantes e amorosas a despeito dos numerosos erros que cometi como pai.

Aos meus pacientes que contribuíram para minha experiência clínica e que me ensinaram mais do que qualquer manual de instruções, quero expressar também minha profunda gratidão. Vocês irão procurar em vão suas histórias pessoais neste livro, pois disfarcei os detalhes e mudei as circunstâncias citadas para manter o sigilo. Todavia, é necessário que lhes dê crédito pelos princípios que estabeleci e pela ajuda que este livro proporciona a outros.

Por último, minha secretária, Linda Rojas, me acompanhou pacientemente durante o meu ano sabático, oferecendo apoio e continuidade apesar de minhas várias viagens e conferências. Ela fez a leitura final do manuscrito e me ajudou enormemente em muitas tarefas.

—Archibald D. Hart

Prefácio

Os filhos do divórcio são muito diferentes dos outros? Na aparência, não. Eles riem, choram, usam coisas da última moda e assistem aos mesmos programas de televisão que as outras crianças. Mas, são diferentes? Creio que sim e estou falando por experiência própria, assim como baseado em meus conhecimentos profissionais.

Meus pais se divorciaram quando eu tinha 12 anos de idade. Esse evento único mudou a minha vida para sempre. Como psicoterapeuta, trabalhei também com muitas famílias divorciadas ou em processo de divórcio no decorrer dos anos. Minha esposa e eu ensinamos em muitos seminários para pastores, casais e grupos de divorciados. Esta experiência me convenceu de que os filhos do casamento comum, hostil, são de fato influenciados pelo processo e irão ser provavelmente diferentes das outras crianças como uma conseqüência.

Qual a razão disto? Simplesmente porque o divórcio, embora não seja mais o estigma que era antes, não é uma coisa insignificante na experiência de uma criança. Ele estabelece uma série de eventos penosos e trágicos que força ajustes e mudanças que as crianças nem sempre são capazes de fazer. Esses ajustes deixam *sempre* a sua marca; trata-se apenas de uma questão de *quão grande é a marca* que permanece quando a poeira assenta. É nesse ponto que as verdadeiras dificuldades surgem. A maioria dos períodos pós-divórcio é ácida e no geral prejudica mais do que o próprio divórcio, deixando quase sempre cicatrizes emocionais permanentes em todos os envolvidos, mas especialmente nas crianças.

Eu já vi e senti o suficiente para me convencer que o divórcio não é o evento neutro que a criança irá superar rapidamente como muitos querem nos fazer acreditar. É uma causa grave e complexa de problemas de saúde mental hoje. Uma crise de imensas proporções que ameaça as crianças de todo o mundo.

Quero afirmar ao leitor que a maior parte das pesquisas nesta área apóia o que tenho a dizer neste livro, ou seja, que os efeitos do divórcio sobre os filhos são muito mais sérios e duradouros do que a maioria dos defensores do divórcio está disposta a admitir. Uns poucos pesquisadores têm outra opinião e tentarei ser imparcial e apresentar também as opiniões deles.

No caso disto parecer muito sombrio e negativo, apresso-me a dar as boas notícias. Os filhos do divórcio nem sempre são irrevogavelmente afetados ou emocionalmente atingidos. Tudo depende do comportamento dos pais que estão se divorciando e como eles vão ajudar os filhos a se ajustarem à dissolução do casamento. É possível que os pais, com a orientação adequada, possam auxiliar os filhos a se tornarem mais ajustados, saudáveis e bem-sucedidos, mas isso exigirá bastante esforço e este livro trata justamente deste aspecto.

Os filhos de pais cristãos ficam em melhor situação num divórcio? Creio que não. Arrisco-me até a sugerir que em muitos casos a situação deles é até pior. Por quê? Além dos problemas que toda criança tem de enfrentar para ajustar-se ao desmoronamento do lar, o filho de pais cristãos tem de confrontar o fracasso do seu sistema religioso para resolver o conflito no lar. A criança tem de lutar com perguntas como estas: "Por que Deus não fez meus pais se amarem?" ou: "Por que Deus não responde às minhas orações?" Para a criança mais velha há uma pergunta ainda mais devastadora: "O cristianismo realmente funciona?" A criança pode tornar-se facilmente desiludida com o cristianismo e questionar seriamente a utilidade ou importância dos valores espirituais.

O propósito deste livro é então oferecer ajuda para os pais que estão se divorciando, assim como para outros adultos interessados na vida da criança. Os avós, como veremos, podem fazer muito para minimizar os prejuízos a longo prazo do divórcio. Assim também os parentes, amigos e até professores.

Numa perspectiva realista, meu objetivo é mostrar aos pais como *minimizar* os efeitos negativos do divórcio e transformar em uma influência positiva qualquer problema que não possa ser evitado. Não podemos eliminar todo sofrimento. Isto seria não só pouco realista, como também pouco útil. Algum sofrimento emocional é necessário para a formação do caráter. As árvores que crescem altaneiras sem serem perturbadas pelo vento caem com facilidade. É preciso a pressão do vento para forçar as raízes a se fortalecerem. Nossa esperança é que os pais transformem o desastre em um vento forte de crescimento.

Este livro foi escrito a partir de uma perspectiva cristã e não peço desculpas por isto. Sou de opinião que os filhos de pais cristãos correm mais risco do que os outros. Todavia, espero certamente que qualquer que seja a sua afiliação religiosa, se é que a tem, este livro também o ajude a construir uma vida pós-divórcio sadia para seus filhos. Eles talvez possam ser contados entre os poucos que não só sobreviveram ao divórcio, como também se tornaram melhores por causa dele. Asseguro que eu me considero parte deste grupo afortunado.

1
Divorciado aos 12 anos

Minha mãe ficava repetindo: "Não é o fim do mundo". Mas, como convencer um garoto de 12 anos que a dissolução da sua família não é o fim de tudo que é seguro e estável?

Minha mãe estava fazendo as nossas malas. Meu irmão, de apenas dez anos, parecia menos perturbado do que eu. Ele já havia conquistado a fama de ser durão. Nunca chorava, por mais que se machucasse. Meus pais podiam dar-lhe uma surra e ele nem sequer estremecia. A visão das malas no quarto de minha mãe até o excitava, como se isso significasse que estávamos partindo numa viagem de férias.

Na atitude típica de irmão mais velho, eu disse a mim mesmo: *Ele é criança demais para entender o que está havendo. Terei de cuidar disto por nós dois.*

Eu estava arrasado. Como minha mãe podia fazer isso conosco? Será que tinha enlouquecido? Eu sabia que ela estava infeliz há muito tempo, mas como o fato de fugir resolveria as coisas? Tentei argumentar com ela. Iria reconsiderar a sua atitude? Não via que eu estava com medo? Ela respondeu que eu não compreendia esses assuntos, que era jovem demais para entender as questões adultas.

A dor em meu peito piorou. Minha cabeça ficou confusa, como se fosse explodir. Não tinha mais argumentos para fazê-la voltar ao bom senso.

Os sentimentos continuaram vacilando. Num momento eu me sentia velho para os meus anos, como se tivesse sido chamado para carregar um fardo pesado demais para mim. A seguir, sentia-me infantil e inútil novamente. Comecei a chorar, baixinho no começo e depois meus soluços se transformaram em gritos irados dirigidos contra minha mãe. Disse a ela que a odiava, mas ela apenas ignorou-me, pois sabia como tratar com pessoas histéricas.

Em voz baixa, ela mandou que me desse pressa em empacotar minhas coisas. — Não deixe de levar tudo que precisa para a escola. Não pretendo voltar para pegar nada que tenha esquecido. — Eu sabia que falava a sério e relutantemente obedeci, embora achasse que aquele era o fim do mundo para mim.

Não me lembro muito do que aconteceu depois disso. Sei que meu coração acelerado doia como se fosse ter um ataque cardíaco. Creio que fiquei calado e fui para outro quarto quando compreendi que a minha resistência era inútil.

Ali sentado, pus-me a refletir. Minha mãe não tinha dito diretamente: "Vou divorciar-me de seu pai". Ela apenas declarou que estava querendo viver longe dele. É possível que não estivesse muito certa sobre a questão ou queria proteger-me de mais sofrimento, apresentando o divórcio em estágios. Eu, porém, sabia o que estava acontecendo e o fato de não estar sendo sincera comigo piorava mais as coisas. Em retrospecto, saber muito pouco ajudou a aumentar a minha ansiedade. Se soubesse mais, creio que teria enfrentado melhor a catástrofe.

Por Que Mamãe Queria Divorciar-se?

Minha razão para contar a história do meu divórcio na infância é ajudar os pais que estão se divorciando a entender melhor os sentimentos dos filhos nessa fase. Por ter ouvido muitas histórias pessoais, posso afirmar que a minha não difere da maioria.

Meus pais estavam brigando há anos. Mesmo agora, quando reflito sobre o casamento deles, não compreendo muito bem porque era tão conflituoso. Em parte, creio, foi por terem se casado jovens demais, antes que as suas personalidades adultas estivessem formadas. A época era os anos trinta, a Grande Depressão atingira a África do Sul assim como o restante do mundo ocidental. O trabalho era escasso e meu pai decidiu mudar para a área de mineração de ouro onde havia mais perspectivas. Ele casou-se com a sua namorada para não complicar as coisas por causa da distância. É óbvio que se casaram cedo demais e claramente ultrapassaram um ao outro ao amadurecerem.

Essa não é, porém, a história toda. Os problemas deles também se originavam da incapacidade de comunicação mútua. Devemos lembrar, no entanto, que não se sabia muito sobre a comunicação conjugal naqueles dias antes da guerra. A gente fica imaginando como as pessoas podiam fazer o casamento funcionar e muito menos prosperar. Todavia, meus avós tinham um ótimo casamento. Eles conseguiam falar através dos seus conflitos, mesmo que fossem grandes. Meus pais, por sua vez, não conseguiam resolver nem os pequenos problemas até o ponto de se entenderem e concordarem.

Ambos eram muito inseguros. Penso que grande número de jovens dessa época tinha essa insegurança. A vida, em meio a uma grave depressão econômica pode desestabilizar você. A insegurança mútua tornou-os extremamente ciumentos um do outro. Como resultado, eles acabaram sendo possessivos e dominadores, especialmente meu pai. Não havia liberdade na sua relação e pouca felicidade em sua intimidade.

Uma pergunta sempre me persegue. O casamento deles teria sobrevivido se fossem cristãos, quero dizer, cristãos de verdade? Eles não passavam de freqüentadores nominais de igreja. Providenciaram, entretanto, para que meu irmão e eu fôssemos regularmente à escola dominical e sou eternamente grato por isto. Não me lembro de nenhum período em minha infância, até os 17 anos, em que não participei da igreja. Eles acreditavam na honestidade e valorizavam a sinceridade, mas não sabiam nada de um Deus que cuidasse das suas mágoas e os ajudasse a dar e receber perdão. Não sabiam nada sobre oração e não teriam encontrado qualquer promessa ou encorajamento nas Escrituras mesmo se quisessem. Teriam eles sobrevivido se soubessem como usar esses recursos? Creio que sim!

Efeitos Emocionais Posteriores

Nos meses que se seguiram à nossa saída de casa, moramos primeiro num hotel e depois num apartamento. Meu pai ficou abatido com a separação e entrou em violenta crise de depressão. Ele tentou tudo para reconquistar minha mãe, mas ela não cedeu e finalmente entrou com o pedido de divórcio. O dado foi assim lançado para uma mudança completa em nossas vidas.

Mas, quais foram os efeitos emocionais pós-divórcio? Durante essa época me senti extremamente infeliz. Não conseguia dormir. Perdi o interesse por muitos de meus *hobbies*. Não queria ir à escola por me sentir pessimista em relação ao futuro. Compreendo agora um pouco este pessimismo quando tento ajudar meu neto de 12 anos a se ajustar à perda do pai que morreu tragicamente numa acidente automobilístico há nove meses. Meu neto não vê proveito algum em freqüentar a escola. A vida acabou no que lhe diz respeito. Isso era exatamente o que eu sentia.

Nada mais parecia importar. Passei de adolescente consciencioso a um garoto-problema. Comecei a fazer coisas que aborreciam meus pais, tais como não amarrar os sapatos. Suspeito que este era parcialmente um meio de chamar a atenção de minha mãe; os sapatos desamarrados fazem um barulhinho irritante quando você anda e, mais cedo ou mais tarde, alguém nota. Mas, em parte também, era porque eu não me importava mais com a vida.

Meu comportamento negativo tomou igualmente outras formas. Comecei a usar meias desemparceiradas e, por mais que tentasse, estava sempre atrasado para tudo — refeições, escola e aulas de música.

Em retrospecto, posso ver que grande parte do meu comportamento era uma tentativa de punir meus pais pelas atitudes deles. Se pudessem ver como eu estava perturbado, pensava, embora não me lembre disso, talvez voltassem a viver juntos e todos poderíamos ficar felizes para sempre — como nos contos de fadas. Isso não aconteceu, é claro. Meu comportamento foi em geral ignorado. Minha mãe se achava preocupada demais com seu próprio sofrimento emocional e lhe restava pouca energia para lidar com o meu. Isso foi tanto bom quanto mau. Ela não reforçou meu comportamento negativo, mas, por outro lado, eu não tinha um meio sadio de expressar meus sentimentos.

Desisti aos poucos das manobras manipulativas e me entreguei a um sentimento genuíno de dor. Eu estava de luto, como se alguém a quem amasse tivesse morrido. A plena realidade do divórcio finalmente me atingira. A dor, que antes parecia estar em meu peito, alojou-se depois no estômago. Sei agora que este é um sinal da mudança do medo e da ansiedade (dor no peito) para a depressão (dor no estômago). Não sabia disso na época, mas o processo de cura tinha começado. Uma dor de estômago é um bom sinal!

Não me lembro de quanto tempo durou o meu luto. Penso que a parte intensa terminou em três ou quatro semanas, mas foi seguida de uma leve depressão que deve ter durado um longo tempo — provavelmente vários anos. Na verdade, o processo do sofrimento ocorreu em espasmos. A princípio houve a reação explosiva de dor pela perda da união familiar, mas ocorreu depois uma série de percepções de outras perdas ligadas ao divórcio. Só tive noção de algumas delas nos meses e anos que se seguiram. Vou fazer uma lista de algumas das perdas que experimentei, para ajudar os pais a compreenderem o que a criança passa durante divórcio:

- Perda da minha casa.
- Perda dos amigos da vizinhança.
- Perda de transporte conveniente (só tínhamos um carro na família).
- Redução dramática em nosso padrão de vida.
- Perda dos passeios em família.

Todas essas foram perdas tangíveis para mim. Houve muitas outras demasiado abstratas para que pudesse identificar, mas elas também contribuíram com a sua parte para o meu sofrimento.

Uma das necessidades penosas que tive de enfrentar durante esse período foi contar a meus amigos sobre o divórcio. O divórcio, embora estivesse se tornando mais comum, continha ainda um estigma e as crianças da vizinhança tenderam a reagir, não tanto com dó de mim, mas com medo de que algo parecido ocorresse a elas. A reação de meus amigos estava longe de ser simpática. Eles pareciam ter entrado em pânico, como aconteceu comigo.

À noite, enquanto procurava dormir, minha imaginação se soltava. Minha mente alimentava todo tipo de idéias ridículas. Eu fantasiava, por exemplo, que de algum modo meus pais tinham voltado a viver juntos e imaginava nossa família sorrindo unida. Mas, a maioria das minhas fantasias era negativa. Eu imaginava ter ficado adulto e estar procurando emprego. Na entrevista, alguém me perguntava: — Seus pais são divorciados? — Eu respondia: — Sim, são. — E então me diziam: — Sinto muito, mas não podemos empregá-lo. — Isso parece maluco agora, mas é assim que a mente funciona quando atormentada.

Minha pior fantasia era que nunca conseguiria uma namorada. Um de meus amigos me dissera que as pessoas de lares divorciados não permanecem casadas. O que os pais das garotas pensariam então de mim se meus pais eram divorciados?

Eu tinha apenas começado a ver as meninas como necessárias e desejáveis e não apenas como um aborrecimento. Uma garota em minha escola chamara minha atenção. Ela mostrou-se amigável comigo e me convidou para ir à sua casa e conhecer seus pais. Na véspera, fiquei preocupado com o que eles pensariam se soubessem do divórcio de meus pais. Será que podia manter isso em segredo? E se acabassem descobrindo? Afastei-me dela para evitar o embaraço e a mágoa e até pensei em viver o resto da minha vida como eremita, ou o que quer que significasse que você nunca iria se casar!

Embora não me tornasse inteiramente um recluso, evitei contatos sociais por algum tempo. Tornei-me muito consciente de mim mesmo, convencido de que todos estavam me observando e falando de mim e de minha família pelas costas. Temia que me rejeitassem, como se estivesse doente. Posso lembrar-me muito bem de ter ouvido com toda a atenção na escola dominical a história de como Jesus curou o leproso. Eu sabia exatamente como era ser desprezado e ter de avisar os outros quando você se aproximava para que não se contaminassem com a sua doença. Sentia-me um leproso divorciado!

Sentimentos em Relação à Minha Mãe

Quando minha mãe nos tirou de casa, dirigi toda a minha ira contra ela. Afinal, fora ela quem iniciara a dissolução da família. Em minha raiva, queria humilhá-la e até feri-la fisicamente.

É muito difícil para uma criança com tais sentimentos pensar claramente. Não percebia o sofrimento de minha mãe. Só pensava em mim e como as ações dela iriam afetar-me. Este é, afinal de contas, o instinto de autopreservação que Deus embutiu em cada um de nós.

A segurança da família e a certeza da estabilidade são essenciais para o desenvolvimento saudável de todos nós, portanto, não sou diferente neste aspecto. Precisamos instintivamente de um refúgio onde possamos nos abrigar das dores do crescimento, um porto em que possamos construir uma embarcação suficientemente sólida para enfrentar as tempestades de um mundo cruel e instável. Quando esta segurança é ameaçada, todo instinto protetor criado por Deus em nós fica paralisado. Não é de admirar, portanto, que o divórcio enfureça a criança! Ele ameaça o próprio alicerce da sua existência.

Quando a separação entre meus pais formalizou-se e meu irmão e eu começamos a visitar meu pai, minha ira contra minha mãe começou a transformar-se em ódio. Passei a mostrar-me desrespeitoso, para que ela soubesse como me magoara e como estava destruindo as nossas vidas. Algumas vezes me recusava a falar com ela, usando o silêncio como uma arma. Na minha opinião, só ela era culpada, não apenas pela infelicidade do casamento (eu sabia muito bem que meu pai contribuíra para isto), mas também por ter iniciado a separação.

O pior, no entanto, ainda estava por vir. Logo depois que o divórcio foi estabelecido, minha mãe anunciou que ia se casar de novo. Senti então que minha destruição se completara. Aquele era o ponto final. Nada podia ser pior que isso. As fantasias de reconciliação desmoronaram. Meu desejo e oração conscientes para que Deus de alguma forma realizasse o milagre de unir-nos novamente se dissipou no ar. Mais uma vez sentimentos de desespero me envolveram, só que muito mais intensos.

Eu não tivera conhecimento do namoro de minha mãe. Ela começara a encontrar-se com outro homem logo depois da separação e conseguira manter isso em segredo. Esse homem acabou tendo papel importante em minha cura, mas eu não podia saber disso naquele estágio. Exigi permissão para morar com meu pai.

Sentimentos Para Com Meu Pai

Durante os primeiros anos de minha infância eu desenvolvera um relacionamento de amor e ódio com meu pai. Admirava muitas de suas qualidades; achava que ele podia construir o que quisesse, consertar tudo, fazer tudo. Herdei muitas de suas habilidades. Era divertido brincar com ele. Suas histórias sobre a sua infância e juventude fascinavam meu irmão e eu. Tínhamos a impressão de que ele era o valentão local, que induzia muitos dos amigos a pregarem peças nos outros e a loucas aventuras. Eu preferia ouvi-lo falar de suas brincadeiras noturnas do que assistir a um filme moderno do Batman. Suas histórias eram muito mais emocionantes!

Percebia também, no entanto, que ele era uma pessoa ciumenta e possessiva. Zangava-se facilmente. A vida em casa estava longe de ser agradável para nós; mas, como crianças, nos ajustamos a ela. Sabíamos quando ficar calados e aprendemos a nos manter longe das brigas conjugais. Apesar dos problemas em casa, nunca imaginei que o casamento estivesse quase indo a pique, pensando que sempre seria assim.

Com o primeiro golpe da separação, meus sentimentos de amor e ódio por meu pai se transformaram em pena. Tinha dó dele, embora bem lá no fundo soubesse que fora ele quem trouxera esse sofrimento sobre si mesmo. Quando meu irmão e eu íamos visitá-lo, ele nos sondava sobre o que estava acontecendo. Perguntas como: — Sua mãe mudou de idéia? — ou: — Quando vocês vão voltar? — eram constantemente feitas. Em breve comecei a me sentir apreensivo quando o visitava. Não estava gostando da atmosfera entre nós.

Aos poucos meus sentimentos de pena se transformaram em sentimentos de ira e ressentimento. Ele queria que meu irmão e eu ficássemos em sua companhia. Suspeitei que este era um meio de manipular minha mãe e resisti a princípio. Embora a culpasse por ter iniciado o divórcio, também sabia que estava só reagindo a uma situação penosa. Sabia da sua insegurança e quanto precisava de nós para ajudá-la a sentir-se segura e não abandonada. Aos poucos percebi que meu pai estava nos usando como instrumentos, embora inconscientemente, estou certo. Ele não teria nos magoado deliberadamente, mas sentia-se desesperado, achando que a sua própria sobrevivência estava ameaçada.

Sentimentos Para Com Deus

Minha avó era uma cristã piedosa. Durante toda a infância a influência dela sobre mim foi profunda. Deus era real para ela e essa era toda a prova para a existência dele que eu necessitava naquela idade. Ela lia a Bíblia para nós, orava e cantava hinos conosco. Os cânticos eram sempre alegres, porque a sua fé era alegre.

Meus avós moravam a cerca de 190km da nossa casa, numa pequena comunidade rural. A cidade deles ficava à margem de um grande rio que atrai muita atividade de camping nos feriados. Turistas da cidade passavam ali as férias, acampando, nadando, queimando-se ao sol, navegando e explorando as muitas ilhas do enorme rio africano. Meus avós se mudaram para ali depois da aposentadoria de meu avô e viviam com os recursos da sua pequena fazenda.

Meu irmão e eu passávamos todas as férias escolares com meus avós, parcialmente porque era divertido, mas também para livrar-nos da tensão em casa. A fazenda era uma delícia! Eu detestava voltar depois de ter estado algum tempo com meus avós, porque nunca tinha certeza do que me esperava. Meus pais estariam se falando ou não? Haveria brigas ou não? Algumas vezes a volta era feliz, mas na maioria das vezes terrível.

Aprendi assim a orar. Quatro ou cinco dias antes de regressarmos da casa de meus avós, eu orava freqüentemente. Minha oração era simples: "Por favor, Deus, faça meus pais felizes". Algumas vezes funcionava, embora na maioria das vezes não. Eu pensava em perguntar à minha avó porque a oração é algumas vezes respondida e outras não, mas não queria que ela soubesse que as coisas eram assim tão ruins em casa. E não disse nada.

Aos poucos, minhas orações passaram de pedidos simples para exigências diretas. "Deus, o Senhor tem de fazer meus pais felizes". Depois se tornaram zangadas. Discuti com Deus. Ameacei-o. "Por que não os faz felizes? O que há de errado com o Senhor? Não me ama? Não se importa?"

Quando minha mãe contou-nos que estava se separando de meu pai, comecei a pensar que Deus resolvera usar a briga deles para me castigar. Tudo o que eu fazia era cuidadosamente examinado para ver se estava desagradando a Deus.

Depois da separação, comecei vagarosamente a compreender que nada ia mudar. Minha mãe se decidira a obter sua liberdade e começar uma nova vida. Um sentimento de desesperança se estabeleceu quando compreendi que não podia fazer nada para mudar a situação ou influenciar o resultado do divórcio. Isto provocou esse sentimento e lembro-me distintamente de chegar à conclusão de que o motivo de Deus não estar respondendo às minhas orações é que Deus não existia. Ou, se existia, estava ocupado demais com outros mundos ou outras partes do meu mundo para se incomodar comigo.

A Cura das Minhas Emoções

Seria muito triste se a minha experiência com Deus terminasse neste ponto. Ficar desiludido com os pais já é suficientemente mau; sentir-se abandonado por Deus é devastador. Contudo, esse não foi o fim! Eu me achava demasiado envolvido em minha dor para perceber, mas o lento processo de cura começara mesmo enquanto eu sentia que a situação era a pior possível, e Deus fazia claramente parte dessa cura.

Flutuei no meu redemoinho emocional durante cerca de um ano depois da finalização do divórcio de meus pais. Parte da minha angústia era conseqüência da depressão que sentia por ter perdido a união familiar, mas a desorganização subseqüente da nossa vida contribuiu também para o problema.

Quando minha mãe anunciou sua intenção de casar-se novamente, meu irmão e eu decidimos ir morar com papai, pelo menos durante algum tempo. Isto perturbou minha mãe, mas ela concordou com o nosso pedido. Penso que estava cansada demais para lutar.

No ano que se seguiu ao divórcio, meu pai mudou-se pelo menos quatro vezes, procurando uma situação satisfatória. Tudo parecia dar errado e meu pai se sentia nervoso e conturbado demais para nos prestar muita ajuda. Tive de entrar numa escola nova e fazer novos amigos. Isso não é fácil quando não se tem uma vida familiar estável!

Minha cura começou, mais ou menos, realmente a essa altura. (Em retrospecto, fico admirado com a resistência do espírito humano; é preciso muito castigo para abrir qualquer brecha permanente em sua armadura.) As fontes de ajuda para a minha cura foram três: meus avós, minha professora da escola dominical e, acredite se quiser, o novo marido de minha mãe.

Meus avós se mostraram extremamente amorosos com meu irmão e comigo durante esse período, dando-nos todo apoio necessário. Se estavam zangados com meus pais, nunca demonstraram ou falaram disso conosco. Eles jamais interferiram, exceto para convidar-nos para visitá-los sempre que quiséssemos. Conseguimos fazer algumas visitas-extra que não estavam em nosso programa de visitação regular e elas foram como um oásis num deserto esturricado. Proporcionaram alívio das tensões em casa e me ajudaram a manter a minha perspectiva e sanidade. Eles chegaram a dizer que se as coisas piorassem realmente, eu podia ir morar na casa deles. Certa ocasião, enquanto estava com eles, cheguei até a ir visitar a escola secundária local. Era reconfortante saber que havia uma alternativa. Com o meu temperamento ansioso, eu precisava desta segurança.

Durante toda a minha infância e até os 17 anos, eu freqüentara a escola dominical da nossa igreja local. Enquanto desempenhava o papel de durão diante de todos os meus colegas de escola (parece que muitos não iam nunca à igreja) e fazia de conta que só ia aos cultos porque meus pais me forçavam, bem lá no fundo do coração eu achava a igreja muito satisfatória.

Certa professora da escola dominical me impressionou especialmente. Ela era mãe de outro garoto da minha idade e servia como superintendente do programa da escola dominical. Em sua juventude ela contraíra poliomielite, de modo que mancava um pouco. Mas, o que realmente me impressionou foi a sua capacidade de oferecer amor incondicional. Ela transpirava amor. Olhava você nos olhos e a sua expressão parecia gritar: "Amo você do jeito que é!" Jamais ficava irritada ou zangada conosco, por mais que aprontássemos. Era uma pessoa inteiramente linda.

Minha professora evidentemente sabia da ruptura em nossa casa, embora nunca me embaraçasse com esse fato nem o considerasse muito importante. Mas eu podia sentir o amor e o interesse dela; estava em seus olhos e na maneira como me tocava — amável mas com firmeza. Sua mensagem oculta era muito clara: "A vida é mais do que roupas e não se vive só para os pais". E comecei a acreditar nela!

Mediante a influência dessa mulher, Mateus 6.33 tornou-se um versículo bíblico importante para mim: "Buscai, pois, em primeiro lugar, o seu reino e a sua justiça, e todas estas coisas vos serão acrescentadas". Passei a conhecer Deus pessoalmente, não pelo que ele podia fazer para salvar nossa família, mas pelo que ele fizera por mim morrendo na cruz.

Estas palavras me ajudaram a livrar-me da amargura e do ódio e me levaram ao ponto do perdão por todas as mágoas e ressentimentos profundos que experimentara. Elas me ajudaram a superar os efeitos posteriores de perder a coisa mais preciosa que uma criança pode ter — sua família. (Quando minha mulher e eu ficamos noivos anos mais tarde, mandei gravar Mateus 6.33 do lado de dentro da aliança de casamento dela. E o versículo continua ali, 42 anos mais tarde!)

Quando minha mãe se casou de novo, eu me encontrava atordoado demais para sentir qualquer coisa. Parecia que já havia passado por tudo. O que havia mais para experimentar? Não conheci meu padrasto até depois do casamento, porque meu irmão e eu já havíamos passado a morar com meu pai e não parecia conveniente que mantivesse contato com ele.

Nos meses que se seguiram ao enlace, encontrei-me casualmente com ele, embora me mantivesse distante. Mas esse homem simplesmente me aceitou pelo que eu era e me cobriu de bondade. Apesar de ter apenas 13 anos, ele me tratou como a um adulto, mostrando respeito pelas minhas opiniões e chegando até a pedir que as expressasse. Jamais me depreciou e nunca insinuou que eu fosse um intruso quando visitava minha mãe. Passei a confiar gradualmente nele e meus temores foram desaparecendo aos poucos. Imperceptível, mas definitivamente, comecei a ver a vida voltar ao normal. Novos padrões emergiram. A mudança não era uma montanha impossível de escalar.

Meu irmão e eu finalmente voltamos a morar com minha mãe quando meu pai voltou a casar-se e mudou para outra parte do país. Sua vida estava também se recuperando e minha nova madrasta mostrou ser uma jóia de pessoa. Minha mãe teve mais dois filhos e os dois se tornaram parte de minha vida, embora estejamos separados por vastos oceanos.

Estou agora avançado em anos, razoavelmente bem-sucedido e extremamente feliz, e quero dizer mesmo extremamente. Meu casamento de mais de 40 anos é o orgulho da minha vida e minha mulher, a quem amo profundamente, foi para mim uma maravilhosa provisão de Deus! Minhas três filhas são as melhores que um pai pode esperar, e o que posso dizer sobre os sete netos mais maravilhosos que alguém pode ter?

Pergunto, porém, algumas vezes a mim mesmo se a minha vida teria sido mais fácil e até mais feliz nos primeiros anos se meus pais tivessem resolvido os seus problemas e ficado juntos. Embora tivessem construido vidas separadas mas felizes antes de morrerem, sempre suspeito que o resultado foi apenas uma segunda opção.

Agradeço a Deus pelas segundas oportunidades. Onde estaríamos sem elas? Não me compreenda então mal neste ponto. Tudo que estou dizendo é que devemos aproveitar ao máximo as nossas primeiras chances. Ou, se tivermos agora uma segunda opção, vamos tirar o maior proveito dela. O que quer que aconteça, vamos dar prioridade para a tarefa de assegurar que nossos filhos, que são os menos preparados para lidar com os nossos erros, não colham o fruto dos nossos pecados.

2
Os efeitos perniciosos do divórcio

Débora sempre fora uma pessoa alegre e extrovertida. Embora um tanto subdesenvolvida para a sua idade, ela nunca se aborrecia com isso e até ria das brincadeiras das colegas sobre seu sutiã de ginástica. Certo dia, porém, perdeu a calma. — Vão embora! Odeio vocês! — foi tudo que pôde dizer às amigas. Passou a sair da classe antes que alguém a detivesse para conversar e tornou-se retraída e triste.

— Alguma coisa está aborrecendo você, Débora? — perguntou a professora dela certo dia.

— Nada está me incomodando, só detesto o mundo, — foi a resposta.

Daniel era justamente o contrário — retraído e educado. No último ano do colegial sua amabilidade o tornou popular com as garotas e embora ele não tivesse muita autoconfiança, era bem-sucedido na maioria das atividades de que participava. Ele parecia talhado para receber uma bolsa de estudos generosa numa boa faculdade com a perspectiva de realizar seu antigo sonho, tornar-se médico.

Certo dia ele chegou à escola para fazer exame de biologia. Sentou-se na carteira, pegou um lápis do bolso e ficou virando-o entre os dedos. Os outros alunos trabalhavam energicamente na prova, escolhendo as respostas certas dentre as múltiplas alternativas oferecidas; apagando as erradas. Daniel ficou ali, apenas girando o lápis.

O professor notou sua atitude e perguntou: — Alguma coisa está aborrecendo você, Daniel?

Sem dizer palavra, Daniel levantou-se e saiu da sala. Dois meses depois foi preso por estar bêbado e fazer desordens.

Essas histórias e muitas outras parecidas podem ser contadas em todo o país. O que elas têm em comum? São histórias sobre os filhos do divórcio. Como eu, essas crianças passaram por uma das experiências mais penosas que existem — a desintegração de seus lares.

Um dos efeitos prejudiciais da minha experiência em relação ao divórcio na infância foi a minha relutância em chorar. Sentia ódio quando chorava. Desprezava os que choravam. Meu desgosto com o choro estava arraigado no meu esforço deliberado quando criança em não demonstrar sofrimento, por pior que este fosse. Por que agia assim? Suponho que era por temer que meu pai risse de mim. Ele não respeitava as pessoas que choravam. Nunca respeitou e até se orgulhava de sua "valentia" quando criança.

Imagine então a minha surpresa quando comecei a treinar para a minha segunda carreira como psicólogo e psicoterapeuta (nos primeiros quinze anos de minha vida adulta fui engenheiro civil). Em breve me vi enfrentando um sério obstáculo: as pessoas que sofriam choravam muito e me causavam grande constrangimento. Decidi então que me forçaria a tolerar o choro. Afinal de contas, os pacientes atormentados têm a tendência de chorar muito no consultório do terapeuta. Você vê isso no cinema o tempo todo!

Aprendi então como suportar as lágrimas das pessoas e com o tempo cheguei até a ter bastante empatia com o seu sofrimento. Mantive, porém, um controle supremo sobre as minhas próprias lágrimas. Outras pessoas podiam e deviam chorar. Era bom para elas. Para mim, as lágrimas eram tabu — um sinal de fraqueza que tinha de ser mantido sob controle.

Só depois de dez anos em minha nova profissão é que cheguei a um acordo com minha relutância em chorar e aprendi sobre o seu poder curativo por experiência própria. Agora choro livremente, sem sentir qualquer vergonha, como qualquer pessoa que já assistiu um de meus seminários sabe.

Em retrospecto, posso ver que minha liberdade para chorar só veio após a morte de minha mãe. Quem sabe eu havia perpetuado um ressentimento profundo em relação a ela desde que decidira divorciar-se de meu pai!

Qualquer que tenha sido a razão, depois da morte dela uma nova atitude desenvolveu-se no que dizia respeito à minha necessidade de chorar. Agora choro livremente quando preciso e sinto a liberdade desta saudável válvula de escape emocional. Levou tempo, porém, para desfazer esta conseqüência negativa do divórcio de meus pais, acontecido numa fase tão crítica da minha vida.

As Conseqüências Negativas do Divórcio

Alguém descreveu o divórcio como "um funeral eterno". Não consigo pensar numa descrição mais exata do que esta. É o funeral que nunca termina.

Confesso que odeio o divórcio. Odeio o que ele faz às pessoas. Odeio como ele torna inimigos aqueles que uma vez declararam amor eterno um pelo outro. Mas, odeio especialmente os danos que ele causa aos filhos.

Não me compreenda mal. A maioria dos meus leitores vai estar provavelmente entre os que se divorciaram ou estão se divorciando. Não gostaria de pensar que a expressão de sentimentos tão fortes esteja fazendo você sentir-se pior ou que estou acrescentando mais peso à sua culpa com comentários desse tipo. Mas o divórcio não é um evento da vida tão benigno como alguns magos modernos querem que acreditemos. Só desejo lembrá-lo de que você precisa prestar muita atenção em seus filhos durante todo o processo. Se não fizer isso, serão eles que vão sofrer.

Além do mais, quero dizer que o divórcio é inevitável num mundo decaído e corrupto. Todos cometem erros. As pessoas mudam e acabam sendo diferentes daquilo que você pensava que eram quando se casou. Embora eu creia que todo o possível deve ser feito para preservar o casamento, os divórcios vão acontecer. Muitos pais divorciados não são os instigadores do seu divórcio, nem procuraram essa condição. Eles são vítimas inocentes do pecado de outrem e teriam tentado fazer com que sua união desse certo se tivessem tido a oportunidade. A dissolução do laço conjugal é trágica, mas algumas vezes impossível de evitar, uma conseqüência da nossa humanidade e pecado. Tente então livrar-se de qualquer sentimento de culpa desnecessário e prolongado em relação aos seus erros. Aceite o perdão de Deus e vá em frente. Tente concentrar-se no que pode fazer para curar todos os envolvidos, especialmente os filhos.

Há tanta coisa que os pais que se divorciam podem fazer para evitar danos aos filhos. Negar que o divórcio é prejudicial irá provavelmente causar mais danos do que qualquer outra coisa, porque tais negativas dispensam os pais de tentarem ajudar os filhos.

Sinto dizer que a minha profissão tem sido tão culpada desses prognósticos sobre o divórcio quanto qualquer outra. Desde que os pais divorciados sentem-se no geral, caso não seja sempre, culpados pelo que estão fazendo, eles aceitam alegremente os chavões apaziguadores dos que dizem: "Não se preocupe com isso. As crianças vão esquecer tudo rapidamente. Você não imagina como elas são resistentes". Isto é verdade? Não acredito e o meu propósito aqui é apresentar neste capítulo os dados com a maior clareza possível.

Embora não deseje criar problemas onde eles não existem, creio que está na hora de avaliarmos os resultados do divórcio sobre os filhos com mais honestidade. Acho que isso é importante para motivar os pais, a fim de que dêem passos positivos e construtivos para reduzir os efeitos prejudiciais do divórcio sobre os filhos.

Alguns Filhos São Resistentes

Em primeiro lugar, quero admitir que um cliché muito usado nos círculos de divorciados é que algumas crianças podem passar pelo processo de divórcio sem um arranhão. Elas são resistentes e voltam ao normal facilmente. Na aparência, o efeito causado na vida posterior delas quase não se nota. Essas crianças possuem egos fortes, saudáveis, construidos nos primeiros dias de suas vidas por pais amorosos, embora separados. Elas aprenderam os necessários controles e válvulas de segurança psicológica que as capacita a liberar tensões internas sem se deixarem esmagar ou paralisar.

No entanto, é um erro pensar que tal resistência surgiu naturalmente, que os pais não fizeram nada para promovêla. Quando deixados por sua própria conta, os filhos sofrem o maior dano.

É também errado pensar que as crianças resistentes não sentem qualquer dor, ou que são fortes e corajosas todo o tempo! Lembre-se, a criança resistente não é necessariamente aquela que nunca chora ou mostra que está sofrendo. Evitar a dor é um sinal certo de falta de resistência. Não é então necessariamente um mau sinal quando a criança chora muito ou parece fraca ou perturbada.

A reação imediata ao anúncio de um divórcio pode ser também muito enganosa. A resistência de que estou falando aqui é algo que se desenvolve no correr do tempo. Ela talvez não pareça existir na ocasião do divórcio.

É seguro supor, portanto, que quer a criança pareça resistente, ou emocionalmente saudável, o divórcio terá sempre efeitos negativos. A pergunta é se as conseqüências serão de pouca ou muita duração. E aqui estão as boas notícias: Tudo depende de vocês, os pais. Vocês podem determinar o resultado positivo.

A suposição de que sempre haverá algum dano pode impedir que os pais negligenciem os passos positivos que podem ser dados para ajudar o filho. Não brinque com o sofrimento de seu filho.

A Evidência do Dano a Longo Prazo

A evidência que serve de base à crença de que o divórcio pode prejudicar as crianças, se não for tratado adequadamente, é esmagadora e preciso fazer uma pausa aqui para chamar atenção para ela, a fim de convencer aqueles pais que continuam preferindo acreditar que o divórcio é inofensivo.

A evidência é tão esmagadora que nem sei como começar. Desde que não devo ser muito técnico neste terreno, permita que enfatize as principais descobertas. O leitor que quiser aprofundar-se irá encontrá-las nas referências que irei dar.

O estudo clássico que aumentou nossa percepção sobre o que o divórcio acarreta a todos os envolvidos é o de Judith Wallerstein e seus colegas do California Children of Divorce Project. (Veja: *Second Chances: Men, Women and Children a Decade after Divorce*, de Judith Wallerstein e Sandra Blakeslee, publicado por Tickner and Fields, Nova Iorque, 1989.) Os estudos longitudinais de Wallerstein retrocedem muitos anos e dão uma visão a longo prazo de como o divórcio prejudica os filhos. Apesar dos críticos que insistiram em achar falhas em seu trabalho, ele resistiu à prova do tempo.

Durante um período de 15 anos, ela e seus colegas acompanharam de perto as famílias divorciadas, suas esperanças, frustrações e desapontamentos. Cada detalhe íntimo foi objeto de observação.

O que Wallerstein descobriu é que números significativos de crianças sofrem durante anos de dificuldades psicológicas e sociais depois do divórcio dos pais. Mais ainda, essas dificuldades continuaram na vida adulta dessas crianças. Elas sofreram de angústia intensa, depressão, dificuldades sociais, problemas na obtenção de sucesso e na formação de relacionamentos duradouros.

Apesar das críticas no sentido de não ter um grupo de controle adequado de filhos de não-divorciados para fazer comparações, suas descobertas foram copiadas em todo o mundo. Na Finlândia, por exemplo, outro estudo longitudinal mostrou que os filhos divorciados tinham notas mais baixas na escola, menos educação, comportamento de risco mais elevado e maior número de experiências de vida negativas. (Veja: "Parental Divorce, Adolescence, and Transition to Young Adulthood", de Hillevi Aro e Ulla Palosaari, *American Journal of Orthopsychiatry*; julho 1992, vol. 62(3), pp. 421-29.)

Apresso-me a acrescentar uma observação muito importante sobre esta pesquisa. Não creio que as coisas precisem ser assim. Nesses estudos, a maioria dos pais divorciados não procuraram nem obtiveram ajuda; não foram instruídos sobre o que fazer ou não, e foram vítimas de seus próprio ressentimento e desesperança.

Embora haja um consenso de que o divórcio tenha o potencial para causar sérios danos, sei também que ao receberem o apoio adequado de pais que sabem controlar rapidamente as suas hostilidades, os filhos do divórcio podem ser preservados para uma vida rica e significativa. Apesar dos pais cometerem vários erros, nem tudo está perdido. Eu consegui sobreviver e ter uma vida significativa. Que melhor testemunho posso dar do que esse?

Um projeto de pesquisa muito especial que apóia minha opinião otimista vem do Canadá. Pesquisadores do Calgary Family Service Bureau descobriram cinco fatores que podem ajudar os filhos do divórcio a sobreviverem melhor, a saber:

1. A personalidade saudável dos pais.
2. A qualidade da união entre pais e filhos.
3. A qualidade da união na família.
4. Os estilos de educação dados pelos pais.
5. A resistência do filho (veja "The Impact of Divorce on Children", por Irmgard Thiessen, *The Journal of Early Child* Development and Care", dez. 1993, vol. 96, pp. 19-26).

Todas essas descobertas importantes apontam para o fato de que os filhos do divórcio podem ser ajudados a ter uma vida melhor.

Como e Por Que o Divórcio Prejudica as Crianças?

Os pais são também ajudados ao saber como e por que o divórcio prejudica as crianças. Este conhecimento pode ajudar um pai a evitar as armadilhas espalhadas no caminho da recuperação.

Um famoso psicólogo para crianças, o Dr. Lee Salk, disse certa vez: "O trauma do divórcio só perde para o da morte. As crianças sentem uma perda profunda e sentem que ficaram subitamente vulneráveis a forças além do seu controle". Esta declaração concorda perfeitamente com a minha experiência como psicólogo clínico. Os filhos do divórcio nunca mais terão de enfrentar um evento tão estressante em sua vida. O estresse agudo da notícia, o medo intenso do desconhecido, os sentimentos de incerteza e insegurança, e a necessidade de entristecer-se com a perda da estrutura familiar tradicional são suficientes para levar o mais forte de nós a ajoelhar-se.

Entre as razões mais importantes para o divórcio ser tão prejudicial aos filhos estão as seguintes:

- Assinala o colapso da estrutura familiar—a criança se sente sozinha e assustada. Esta solidão pode ser aguda e lembrada por muito tempo.

- Diminui a capacidade dos pais para cuidar dos filhos. Eles ficam preocupados com suas próprias emoções e sobrevivência durante os meses (ou anos) críticos do divórcio.
- O divórcio cria conflitos de lealdade nos filhos. Que lado tomar? No geral, as crianças se sentem empurradas pelo amor e lealdade em ambas as direções.
- A incerteza do futuro provoca profunda insegurança. Depender principalmente de um só dos pais cria muita ansiedade.
- A ira e o ressentimento entre os pais, que prevalece na maioria dos divórcios, cria medo intenso na criança. Quanto mais nova ela é, tanto mais dano este clima hostil pode causar.
- As crianças ficam muito ansiosas por causa dos pais. Elas se preocupam demais, especialmente com a mãe, quando o pai vai embora (ou com o pai, se é a mulher que parte).
- Quando a família muda, a criança pode perder um dos pais, um lar, uma escola, vizinhos, igreja e amigos. O divórcio representa a perda de tantas coisas que uma depressão profunda é quase inevitável nos filhos. A maioria dos pais deixa de reconhecer esta depressão.
- Grande parte dos filhos do divórcio sofrem uma queda econômica depois da separação. O divórcio torna todos os envolvidos, mas especialmente a mulher, mais pobres. As mulheres divorciadas são os novos membros empobrecidos da nossa sociedade.

O Efeito do Divórcio nos Estágios da Infância

Uma das mensagens mais claras transmitidas pelos pesquisadores é que o impacto do divórcio é seletivo. Tanto a conveniência do divórcio como a idade dos filhos são fatores importantes que determinam o resultado.

Isto faz sentido. A maturidade é uma função da idade, portanto, quanto mais amadurecida a criança, tanto melhor ela poderá lidar com as mudanças que o divórcio exige. A conveniência e a idade são cruciais para o resultado.

Por mais comum que o divórcio seja hoje na sociedade, poucas crianças estão realmente preparadas quando ele acontece. Elas esperam que ocorra com os amigos e não com elas. Cerca de 80% das crianças não recebem um aviso prévio de que o divórcio vai acontecer. Mesmo que a notícia seja dada aos poucos e com gentileza, a reação é quase sempre a mesma (como eu pessoalmente a recebi quando meus pais se divorciaram): choque, seguido de negação, depois ira, medo, baixa auto-estima e depressão. Muitas crianças também são perseguidas por um sentimento de suspeita de que elas tenham sido as responsáveis pelos problemas dos pais. Eu senti isso!

Mas, como as crianças de diferentes idades respondem? Eis um resumo:

- **As crianças pequenas** (dois a quatro anos) no geral mostram sinais de regressão a um estágio anterior de desenvolvimento. Elas se tornam mais dependentes e passivas, apresentando comportamento bem mais infantil. Em vez de se alimentarem sozinhas, exigem que você as alimente e voltam a usar fraldas. Alguns psicólogos são de opinião que a ausência de um dos pais do sexo oposto nesta fase pode ser prejudicial para o desenvolvimento sexual da criança.
- **As crianças um pouco maiores** (cinco a oito anos) também regridem. Além disso, essas crianças tendem a se sentir responsáveis pela dissolução do casamento. Elas tendem a ter um medo irracional de ser abandonadas e até de passar fome. Esses temores precisam ser confrontados e segurança apropriada transmitida de alguma forma a elas. Perda de sono, molhar a cama, roer unhas, e uma tristeza profunda (no geral uma depressão disfarçada), assim como a fuga para um mundo de fantasia como meio de resolver a crise familiar podem ocorrer nessa idade.

Algumas autoridades crêem que nesta fase—quando a criança tem idade bastante para saber o que está acontecendo, mas não é suficientemente amadurecida para ter as habilidades necessárias para lidar com o fato, é a idade mais crítica para as crianças experimentarem o divórcio.

- **As crianças mais velhas** (nove a 12 anos) experimentam ira como a emoção predominante. Esta ira é geralmente dirigida ao pai (mãe) que ela acredita ter iniciado o rompimento, mas que é facilmente desviada para fora da família e recai sobre os amigos, justamente num período em que o apoio de amigos bondosos é mais necessário. As crianças podem afastar os mais íntimos, inclusive professores e parentes próximos. O desenvolvimento espiritual da criança é com toda probabilidade prejudicado nesta idade. A decepção e rejeição dos valores espirituais dos pais pode facilmente ocorrer. "Eles não passam de hipócritas e não quero nada com a religião deles", é uma reação muito comum.
- **Os adolescentes** (13 anos ou mais) têm um conjunto diferente de problemas para tratar. Eles tendem a não assumir a culpa pelo divórcio tão facilmente como as crianças menores, porque compreendem melhor as razões do mesmo. Não obstante, podem ficar também profundamente magoados e se ressentirem dos pais por terem desfeito o lar. Temem ser separados dos amigos, e como existe uma tendência natural para retrair-se e sentir-se deprimido nessa idade, o divórcio pode acentuar esses problemas. É comum que se isolem e se recusem a falar do que os perturba. Os adolescentes também sentem agudamente o "dilema da lealdade". Eles sabem que a mãe não quer que gostem do pai (ou vice-versa). "Como pode gostar de alguém que fez uma coisa tão terrível contra mim?" ou "Você não sabe como ele (ela) é terrível?" é uma atitude típica dos pais que cria conflitos. Manter a paz com os dois pais pode ser emocionalmente estressante para eles.

Qual dos Sexos Sofre Mais

Não há dúvida na mente de muitos psicólogos de que os meninos são mais afetados pelo divórcio do que as meninas. As razões não são difíceis de discernir. Em nossa cultura, é ensinado aos meninos que não devem demonstrar sofrimento. Eles aprendem: "Os meninos não choram; os meninos têm de ser HOMENS". Os meninos, portanto, tendem a refrear as suas emoções negativas mais do que as meninas; esta atitude pode ser a fonte da repressão emocional que muitos homens demonstram mais tarde na vida.

Muita coisa é esperada dos meninos nessas circunstâncias, especialmente pelos pais que se sentem culpados. Espera-se que sejam mais fortes, mais resistentes, mais capazes de cuidar de si mesmos, mas isto não é necessariamente verdade. Quando suas defesas caem por terra, os meninos ficam freqüentemente mais arrasados do que as meninas.

Embora os meninos sejam considerados como um risco maior, existe agora um conjunto de evidências que está mudando a situação das meninas. O afastamento dos pais divorciados em relação às filhas está se tornando um motivo de preocupação realmente grave. As filhas do divórcio estão evidenciando agora efeitos retardados, conseqüências que talvez só apareçam quando se casam. Em outras palavras, seus problemas só surgem bem mais tarde do que para os meninos. A verdade é que as meninas precisam de um pai tanto quanto os meninos. Não deixe ninguém convencê-lo de outra coisa!

Novo Casamento e Novas Famílias

Muita atenção é dada às novas famílias, muitas vezes chamadas de famílias *reconstituídas* ou *mistas*. Incorporar um novo marido ou esposa, ou descobrir-se com irmãos e irmãs instantâneos mediante um novo casamento, impõe aos filhos um conjunto completamente novo de desafios. A segunda vez para eles nem sempre é um leito de rosas.

Ajustar-se à vida entre duas casas, no geral em circunstâncias financeiras reduzidas, já é complicado e confuso para a criança sem a intrusão adicional de um padrasto (madrasta) indesejado. Em retrospecto, penso que fui feliz por ter um padrasto (embora ele nunca se considerasse como tal) que não havia sido casado anteriormente e nem tivera filhos. Só tive de lidar com ele e não com uma porção de irmãos forçados ainda por cima!

Para piorar as coisas, um pai divorciado, especialmente a mãe, pode não estar num estado mental adequado para fazer uma escolha sábia a respeito de um novo parceiro. Embora seja uma boa idéia esperar pelo menos um ano antes de casar de novo, muitos não esperam. Eles se precipitam numa segunda união sem ter resolvido os problemas residuais da primeira. Isto pode ser desastroso tanto para a mulher como para os filhos.

Outro fator a ser encarado são as conseqüências econômicas do divórcio. Por exemplo, os custos do processo e a manutenção de duas casas talvez reduza enormemente a renda da família. Um relatório de uma repartição do governo revela que só 25% das mães divorciadas ou separadas recebem pensão para os filhos. Este cálculo está aumentando agora drasticamente. Portanto, muitas mães sozinhas se atiram num segundo casamento apenas para fugir da insegurança financeira ou redução do status—o que dificilmente pode ser considerada uma boa razão para casar-se! Sob essas condições, erros podem ser facilmente cometidos e a probabilidade de um novo casamento terminar em divórcio é muito alta.

Alguns Divórcios São Piores do que Outros

Não há divórcios iguais. A natureza, circunstâncias e razões para o divórcio são várias.

Nem todos os divórcios são igualmente danosos para as crianças. Uma questão crítica é o fator hostilidade. A regra é simples de lembrar: Quanto maior a hostilidade, tanto maior o dano.

Quando o divórcio ocorre impulsivamente ou num momento de raiva, ou quando coincide com outras crises familiares não relacionadas, a capacidade da criança para lidar com a situação será gravemente prejudicada e mais danos resultam.

As crianças mais afetadas são as envolvidas em batalhas pela sua custódia ou quando a guerra entre os pais não parece terminar. Facilmente enganadas para que troquem de objeto da sua afeição, essas crianças se deixam seduzir pelos apelos à sua lealdade e também pelas promessas de qualquer dos pais. "Você terá um telefone só seu se vier morar comigo", "Vou lhe dar uma bicicleta nova", ou "Você terá uma mesada maior" são subornos típicos usados freqüentemente pelos pais para ganhar a lealdade do filho.

Essas batalhas dificilmente são travadas com o bem maior do filho em vista. Quase sempre são egoístas e uma extensão do conflito conjugal básico que começou tudo. No geral, é um meio de vingar-se e castigar o outro cônjuge.

Apanhado no fogo cruzado dessa competição por vingança, os filhos podem ficar marcados para a vida inteira. Até mesmo o mais hábil psicoterapeuta talvez não possa consertar mais o Joãozinho ou a Mariazinha outra vez!

Nem todos os casos de custódia são naturalmente tão graves. Mas, as crianças acabam machucadas pelo divórcio mesmo nas melhores circunstâncias e muitas não voltam ao normal tão rapidamente quanto desejado. Na verdade, os estudos mostram que, entre os filhos de pais divorciados, 37% continuam deprimidos cinco anos mais tarde. A depressão se torna uma parte permanente da vida de grande número dos filhos do divórcio.

A Dissolução da Família é Algumas Vezes Boa Para os Filhos?

Esta é uma pergunta válida e digna de ser considerada. Muitas mulheres ou maridos são algumas vezes confrontados com o dilema de ver a destruição de seus filhos por causa de um casamento hostil ou um pai ou mãe destrutivos. O que fazer? É comum perguntarem se a dissolução da família não é por vezes um alívio para os filhos envolvidos.

Sim, há casos em que o dano feito aos filhos é tão grande que para o próprio bem deles a família não deve continuar. Esses casos são raros e vou mencioná-los mais tarde. Note, porém, que tive o cuidado de dizer que a família não deve permanecer unida. *Não estou dizendo que o divórcio é a melhor solução.* O divórcio é uma questão separada e este livro não trata de quando deve haver ou não divórcio. Todavia, os pais podem decidir viver separados por causa dos filhos quando a destruição, tal como a causada pelo incesto ou abuso, pesa mais do que os benefícios da vida em comum.

A maioria dos divórcios não se ajusta a esta categoria. Portanto, quando você pergunta aos filhos do divórcio se o rompimento foi ou não em seu melhor interesse, eles quase sempre dizem que não. Menos de 10% informam ter sentido alívio com o divórcio dos pais e mesmo esses filhos que se dizem aliviados parecem ter dificuldade em ajustar-se às conseqüências do divórcio.

Longe de se sentirem felizes com o divórcio dos pais, a maioria das crianças — até as procedentes de lares muito conturbados — parecem dispostas a aceitar quase tudo para manter os pais juntos. De fato, em todas as idades e qualquer dos sexos existe entre os filhos do divórcio a fantasia que de alguma forma, em algum lugar, milagrosamente, seus pais irão voltar a viver juntos. Parece haver um impulso instintivo de reunir a família. Eu também senti isso!

Esta fantasia às vezes surge como um meio de aliviar as ansiedades que cercam o divórcio, mas ela permanece viva durante muitos anos, ultrapassando de muito a fase da ansiedade. Posso lembrar-me de ter pensado, mesmo depois de dez anos após o divórcio de meus pais: "Não seria maravilhoso se meus filhos pudessem ter avós unidos como eu tive quando criança?"

As fantasias de reunir os pais levam às vezes os filhos a agirem estranhamente, a fim de conseguir essa reconciliação. Uma criança pequena de quem tratei, pegava repetidamente as mãos dos pais quando eles estavam juntos e as colocava umas em cima das outras. Outra menina de nove anos se expunha deliberadamente ao ar frio do inverno, quase sem roupas, para ficar doente e fazer com que os pais tivessem de tratá-la juntos. Um garoto de 12 anos me contou que orava sempre para morrer, a fim de que os pais se culpassem, sentissem remorsos e voltassem a se unir. Quanto poder existe neste instinto!

As crianças aprendem, porém, que tais táticas não funcionam e passam à aceitação. O forte desejo de reunir a família ajuda, entretanto, a lançar luz sobre a questão: Um casal normal, mas com um casamento infeliz, deve obedecer à sabedoria antiga de "permanecer casados pelo bem dos filhos" ou seguir a orientação do nosso chamado pensamento liberal de que o casal infeliz deve divorciar-se também "para o bem dos filhos"?

Suponho que qualquer das regras, aplicada de modo simplista e sem consideração pela natureza complexa do casamento, pode levar ao desastre. Uma não é universalmente superior à outra. É verdade que onde existe conflito contínuo, severo, com abuso físico, os efeitos prejudiciais nos filhos podem vir a ser tão graves que superem os danos causados pelo divórcio em si.

De modo abrangente, porém, minha experiência como psicoterapeuta e a pesquisa à minha disposição me levam a crer que, quando de todo possível, tentar salvar o casamento procurando ajuda apropriada é infinitamente preferível a tentar uma segunda ou terceira união. Esta atitude tem muito mais probabilidade de levar a uma vida satisfatória para todos os envolvidos. Digo isto completamente em separado das implicações teológicas ou morais do divórcio que todo casal cristão deve enfrentar!

O Divórcio Resolve Tudo?

As pessoas podem optar pelo divórcio por razões complexas e algumas delas têm pouco ou nada a ver com a compatibilidade no casamento. Tédio, apaixonar-se por outra pessoa, dificuldade de comunicação, idéias irracionais sobre o que um ou o outro cônjuge quer da vida, crises da meia-idade, e neuroses pessoais são freqüentemente as verdadeiras razões para o casamento desfazer-se. A razão profunda e fundamental da incompatibilidade não é a verdadeira razão. Digo isto porque a incompatibilidade é a razão dada e não a exceção. Pergunte isto à minha adorável esposa!

Por este motivo, acredito que a maioria dos casamentos pode ser salva e transformar-se em um relacionamento satisfatório se ambos os parceiros se comprometerem a trabalhar no casamento e se ambos estiverem dispostos a buscar ajuda e fazer algumas mudanças. Se não acreditasse nisto, desistiria da minha profissão!

Infelizmente, porém, em nossa cultura, temos sido há muito tempo vítimas das noções sedutoras e românticas sobre o casamento. Temos sido levados a considerar o casamento apenas em nível de uma relação na qual cremos que certas necessidades (na maioria das vezes neuróticas e irracionais) devem ser satisfeitas. Quando isso não acontece, a nossa cultura nos diz que temos o direito de terminar o casamento.

Em primeiro lugar entre essas necessidades distorcidas e fantasiosas estão as nossas necessidades sexuais. Nossa cultura (e isto inclui nossa cultura subcristã), criou lamentavelmente um monstro neurótico sob o disfarce sexual. A maioria dos casados está procurando satisfação sexual que erradamente acredita existir fora de si mesmo. A desilusão será o resultado, porque a verdadeira satisfação existe dentro de nós. (Veja o meu livro *The Sexual Mar [O Homem Sexual]*, Word Publishing, 1994, para uma discussão mais completa.)

Na visão contemporânea do casamento, o compromisso e o sacrifício são palavras arcaicas que não têm mais significado. No processo de perder nossos valores familiares, perdemos também a capacidade de amar realmente e alcançar contentamento e felicidade profundos.

Ao contrário do que a nossa cultura nos levou a crer, o divórcio não é a única resposta para um casamento infeliz. Estou convencido de que a solução para o casamento mais miserável é encontrada no aconselhamento criativo, orientação conjugal sólida e, se necessário, terapia individual dos parceiros — assim como a aproximação mú-tua de Deus em arrependimento e pedindo a ele ajuda e cura.

Não adoto a idéia simplista de que o divórcio vai resolver todos os problemas conjugais, porque tenho visto muitos casos em que ele criou mais problemas do que resolveu. A pesquisa me apóia neste ponto. Dentre os adultos pesquisados cinco anos após o divórcio, só cerca de um quarto são "resistentes", isto é, estão conseguindo lidar adequadamente com as suas novas vidas. Metade deles está se arrastando como pode, mal podendo resolver suas dificuldades. E o último quarto está falhando em se recuperar ou olhando para trás com saudade intensa do tempo antes da separação, desejando que o divórcio nunca tivesse acontecido. Longe de resolver todos os seus problemas, esses divórcios só haviam acrescentado uma porção de novos problemas.

Você Tem Certeza de Que Deve Divorciar-se?

Muito do que escrevi tem como objetivo levar os pais cristãos a fazerem uma pausa e reconsiderarem sua decisão de divorciar-se. Evitei deliberadamente argumentos teológicos ou morais contra o divórcio, não por acreditar que não haja razões bíblicas para manter-se casado, mas por acreditar que as conseqüências danosas do divórcio e os direitos dos filhos terem uma vida livre de conflitos são tão esmagadores que reforçam as exigências bíblicas contra o divórcio fácil defendido em nossa cultura hoje.

Não obstante, o divórcio acontece e continua a dividir famílias numa escala alarmante nos círculos cristãos. O número de crianças envolvidas no divórcio triplicou nos últimos 20 anos, e enfrentar o divórcio não é menos traumático para as crianças de hoje do que o era na minha infância.

Se você está considerando o divórcio, minha esperança e oração é que considere seriamente as seguintes sugestões antes de tomar qualquer providência para terminar o seu casamento:

1. Examine outra vez as seguintes admoestações bíblicas sobre o divórcio. Leia Mateus 5.32-32; Mateus 19.3-9; Marcos 10.2-12; Lucas 16.18; Romanos 7.1-3 e 1 Coríntios 7.10-17.
2. Procure outra perspectiva em relação ao que está errado no seu casamento. Talvez VOCÊ seja o problema e uma nova união não vá mudar isso. Converse com o seu pastor. Ele pode recomendar-lhe um conselheiro matrimonial, um psicólogo ou um psiquiatra para famílias, dependendo da natureza do seu problema.
3. Seja sincero e esteja disposto a confrontar a sua própria contribuição para os problemas no seu casamento. Raramente os conflitos conjugais são causados por um só dos parceiros.
4. Desafie a idéia simplista de que divorciar-se "irá resolver todos os seus problemas". Considere cuidadosamente as conseqüências e desconfie dos amigos que o empurrarem para o divórcio, especialmente se eles também forem divorciados. Este é no geral o meio deles fazerem com que se junte ao seu grupo e de aliviar a sua própria culpa.
5. Aceite o fato de existirem problemas em todos os casamentos e de todos os relacionamentos passarem por crises. Um "inverno" agora pode significar que uma "primavera" mais gloriosa está se aproximando. Você amou

no passado seu cônjuge; isto pode acontecer de novo. Se ele fez realmente algo terrível, lembre-se então de que tem a obrigação de perdoá-lo por pior que seja o erro.

6. Acima de tudo, ore pedindo paciência, firmeza, sabedoria e coragem. Deus está esperando para dar-lhe essas coisas. Peça o que é seu por direito de nascimento!
7. Tome a iniciativa de buscar uma solução para os seus problemas conjugais. Procure você mesmo um conselheiro, se necessário.
8. Lembre-se de que o amor e o ódio não são opostos. O amor e o ódio são os dois lados da mesma moeda, estão sempre misturados. Aquele a quem você ama, tem também grande capacidade para odiar!
9. Lembre-se: tudo o que é necessário para fazer o casamento funcionar é *compromisso e disposição para mudar!*

Se o seu casamento não pode ser salvo ou se você já se divorciou, então confio em que os capítulos seguintes serão de ajuda enquanto procura transformar sua tragédia numa experiência que promova o crescimento e a maturidade para você e seus filhos. Com um pouco de esforço a mais você pode ajudar seus filhos a construírem uma vida mais sólida, segura e feliz para eles.

3
Curando o seu ressentimento

Segundo pesquisas, cerca de um terço dos pais divorciados permanece amargo e agressivo vários anos depois da separação. Isto concorda com a minha experiência clínica. É a chamada "síndrome da alienação paternal" e a maldição sobre a maioria dos divórcios.

Qual é o problema desta síndrome? Os filhos são os que sempre correm o maior risco de danos emocionais. Eles se machucam com o fogo cruzado da guerra sem fim! Se você realmente se importa com seus filhos, terá como prioridade máxima acabar com a inimizade e ressentimento criados pelo seu casamento infeliz e divórcio conflituoso.

A cura sempre começa com você mesmo. Não importa quão perturbado seu ex-cônjuge esteja, nem quem é o culpado pela dissolução do casamento. VOCÊ é o ponto de partida de toda a recuperação. Se esperar que seu cônjuge tome a iniciativa, talvez tenha de esperar muito tempo!

Antes que você, como pai (mãe) divorciado, possa começar a ajudar seu filho a construir uma personalidade mais sólida para resistir aos ataques do sofrimento, deve começar a curar o ressentimento que irá inevitavelmente surgir como resultado do seu divórcio.

Isto não é para dizer que a cura seja um evento único. Ela é um processo que levará tempo para terminar. Desde que é um processo, deve ter um início e, graças a Deus, um fim. Ele pode ser acelerado, mesmo que você não possa ver o fim agora. Tudo que é necessário é um pouco de determinação, ser sincero consigo mesmo, uma dose de coragem e uma forte convicção de que é imperativo resolver a sua mágoa e desejo de vingança com a maior brevidade possível. É como se descobrisse que tem um tumor canceroso. Quanto mais depressa agir para removê-lo, tanto melhor será o resultado.

Você talvez não ache que tem qualquer mágoa ou ressentimento. Quem sabe está convencido de que não há nada do que ressentir-se. Se isto for verdade, você é com certeza uma pessoa rara e até extraordinária. Não estou sugerindo que não esteja sendo completamente honesto consigo mesmo, mas que nunca conheci ninguém assim! É mais provável que esteja evitando esses sentimentos porque teme que eles tomem conta de você ou porque não sabe o que fazer com eles. Este capítulo tem como propósito ajudá-lo a confrontar diretamente tais sentimentos e vencê-los.

Quem Sofre Mais no Divórcio?

Há sempre duas partes em cada divórcio: aquele que inicia o divórcio e o que é divorciado. É raro, embora aconteça às vezes, que os casais se separem com sentimentos absolutos e genuínos de alívio mútuo, sem mágoas de nenhuma das partes. No geral, um sofre mais do que o outro.

Quando há filhos, é claro que eles sofrem e, com freqüência, profundamente. Minha intenção aqui é mostrar aos pais como minimizar este sofrimento e como curar qualquer mágoa que não possa ser evitada.

Há também outros envolvidos nesse sofrimento: os pais, parentes e amigos. É quase impossível conter os efeitos em cascata do divórcio. Para nossos propósitos neste livro, porém, vou me concentrar nas duas partes principais — o cônjuge rejeitado e os filhos. Quero incentivar o cônjuge que rejeita a ler este capítulo, a fim de compreender como pode ajudar na cura dos filhos.

Poucas vezes, se é que há alguma, o divórcio é uma experiência de vida benigna para os dois parceiros. Lemos a respeito de estrangeiros se casando para que um deles consiga documentos de imigração ou para receber uma herança. Essas histórias servem como excelente enredo para filmes. "Case-se ou não receberá a herança", diz um testamento. O Johnny-Sem-Compromisso encontra então alguém que aceita o desafio. Depois disso, o casal se divorcia logo que é feita a partilha ou que os papéis de imigração são obtidos, sem sequer se terem conhecido. Suponho que não haja também qualquer ressentimento residual nesses casos. Mas, se isto realmente acontece fora do cinema, não se trata de um verdadeiro casamento.

Na vida real, ambas as partes podem parecer que concordam com o divórcio, mas raramente ficam livres dos sentimentos. No geral, bem lá no fundo, um dos parceiros preferiria permanecer casado. Aquele que inicia o divórcio quase sempre sente culpa; o outro se sente rejeitado. Os sentimentos de culpa e rejeição podem levar ao ressentimento, mas por diferentes razões.

O que é, porém, ressentimento? É uma sensação profunda de desgosto e indignação, um sentimento de ter sido prejudicado ou ofendido. Esta emoção inútil cobre muito bem uma multidão de pecados!

Minha experiência clínica mostra que a pessoa rejeitada é geralmente a que sofre mais, emocionalmente, no divórcio. A exceção poderia ser o parceiro que foi violado pela infidelidade e que sente que ele ou ela deve afastar-se. Neste caso, aquele que rejeita leva consigo o ressentimento sobre o que causou a quebra de confiança e não tanto sobre o divórcio em si.

Ninguém gosta de ser rejeitado. Não fomos feitos para isso. Nossas almas anseiam pela aceitação. Se tiver de haver a dissolução de um relacionamento, preferimos que a rejeição seja da NOSSA parte. Há menos danos à alma deste modo.

O resultado é que a pessoa que se sente mais ferida será a que vai experimentar mais ressentimento. Portanto, se você não merece o sofrimento e está completamente inocente, este capítulo é dirigido a você. A cura deve começar onde houve mais dano. Não diga, portanto, coisas como: "Se ele der o primeiro passo, não fico mais ressentida" ou "Se ela me perdoar esqueço a minha ira". Por sua própria causa, comece com você mesmo.

O que quero salientar é que o ressentimento faz parte de quase todo divórcio e podemos supor que existe, até certo ponto, em todos os envolvidos. Este ressentimento precisa desaparecer antes que possa haver qualquer progresso na ajuda aos filhos do divórcio.

Por Que é Preciso Erradicar Todo Ressentimento?

Eu acho que a resposta a esta pergunta deveria ser óbvia, mas tantos de meus pacientes resistem à idéia de livrar-se do ressentimento que me sinto obrigado a tratar do assunto. Muitos têm dificuldade em conseguir a motivação necessária para livrar-se do seu ressentimento.

Para os iniciantes, quero apontar o apóstolo Paulo, que, sob a inspiração do Espírito Santo, deu as seguintes instruções: "Longe de vós toda a amargura e cólera, e ira, e gritaria, e blasfêmias, e bem assim toda a malícia" (Ef 4.31). Esta me parece uma mensagem muito clara.

Podemos, entretanto, avançar ainda mais. Livrar-se do ressentimento é essencial para o bem-estar de seus filhos. Todos os sentimentos de amargura devem ser resolvidos o mais depressa possível depois de um divórcio para que ele tenha valido a pena. Isto é raras vezes obtido antes de se iniciarem os trâmites do divórcio, porque o próprio processo do divórcio é traumático e produz ressentimento. Já vi muitos casamentos em que os parceiros pareciam estar aceitando muito bem os procedimentos preliminares e depois desmoronaram quando o divórcio se concretizou. E não são sempre os advogados que pioram o conflito.

Há uma outra razão para que seja essencial resolver o ressentimento com a maior brevidade possível. É quase certo que haverá uma série infindável de brigas, discórdias e guerrinhas a respeito de dinheiro, direitos de visita e sogros. O período pós-divórcio exige tantos ajustes quanto o próprio casamento. Um impulso estranho de magoar um ao outro aparece quase sempre depois da finalização do divórcio.

Na verdade, não me importo realmente quanto os adultos se agridem. Já vi isso demais e no geral os pais sobrevivem à sua guerra particular. Eles são adultos e podem defender-se sozinhos. Mas, quando todo esse conflito perturba as crianças que ficam na linha de fogo, meu sangue começa a ferver! Sinto dizer que os pais cristãos são muitas vezes culpados desta forma de abuso de crianças.

Uma mãe de quem eu estava tratando e que se dizia cristã, sentiu-se tão insultada por seu ex-marido que a idéia de fazer os filhos se voltarem contra ele tornou-se uma obsessão. Ela aproveitava todas as oportunidades para contar-lhes histórias exageradas sobre as aventuras extraconjugais dele e sobre como ele não dava dinheiro suficiente para as necessidades pessoais da família. Cada detalhe sujo do casamento desfeito foi recapitulado várias vezes para os filhos pequenos com conseqüências danosas. Quando lhe falei como isso era abusivo para as crianças, ela explodiu: — Vou usar meus filhos contra ele! Eles precisam saber como ele é. Quero que o odeiem tanto quanto eu!

Eu lhe perguntei: — Quais as razões que dá a Deus por esse uso vicioso de seus direitos de mãe?

A resposta dela? — Achei que deveria castigar meu marido através de meus filhos porque não estou certa de que Deus vai fazer tudo que é preciso!

Ela tem razão. É bem possível que Deus não o castigue de forma alguma se ele se arrepender. Deus é assim, e isso enfurece as pessoas que não conhecem a Sua graça.

Os pais cristãos divorciados ficam mais propícios a pecar quando levados pelo poder destrutivo do ressentimento. Esta a razão porque a cura do ressentimento deve ser a primeira prioridade do pai (mãe) cristão divorciado. Não há desculpa para ninguém neste ponto.

Ressentimento: o Câncer das Emoções

O ressentimento não é uma emoção sobre a qual os psicólogos falem muito. Folheei recentemente os índices de uma dúzia de livros novos sobre introdução à psicologia na minha estante. Em nenhum deles consegui encontrar qualquer referência à emoção do ressentimento. De fato, creio que fora do evangelho cristão não existe uma solução real para o problema do ressentimento! A psicologia em si certamente não apresenta a solução. A razão pela qual digo isto se tornará evidente enquanto prosseguimos. Só o evangelho de Cristo é capaz de curar em sua raiz a mágoa humana mais profunda.

Muitos acreditam que o ressentimento é a mais destrutiva de todas as emoções humanas. O seu mal não afeta só a psique, mas também o íntimo de nossas almas. Trata-se tanto de um problema espiritual quanto psicológico e a sua solução está tanto na esfera espiritual quanto psicológica.

O seu poder destrutivo tem várias fontes:

- O ressentimento tem uma memória perfeita — ele nunca esquece.
- O ressentimento exagera todas as mágoas subseqüentes.
- O ressentimento destrói a felicidade e impede o contentamento.
- O ressentimento só tem uma cura humana — a vingança.

Vou explorar cada uma dessas fontes destrutivas no restante deste capítulo.

Por Que nos Agarramos ao Ressentimento?

Um dos mecanismos mais fantásticos do cérebro e que nos mantém sãos é a nossa capacidade de esquecer. Creio que Deus nos criou deliberadamente com uma memória que se apaga.

Sei que nos queixamos disto quando não conseguimos lembrar de um nome ou endereço; mas, acredite, o esquecimento é uma grande bênção assim como um grande médico. Ele impede que a mente fique superlotada com detalhes desnecessários.

Se nunca nos esquecêssemos (e pense em quanta coisa acontece a uma pessoa num só dia), ficaríamos loucos. Nossa capacidade de armazenagem logo se esgotaria e o cérebro, apesar do seu tamanho, em breve não teria mais espaço.

O lado negativo do ressentimento é que ele se recusa a permitir que o poder curativo do esquecimento faça o seu trabalho. Ele mantém viva a memória de nossas mágoas durante longo tempo. Essas lembranças, por sua vez, recriam para nós, dia a dia, a dor que experimentamos e a necessidade de dar o troco — um forte desejo de vingança.

Fico maravilhado com a capacidade que a mente humana tem para guardar ressentimentos quase indefinidamente. Não vejo isto em meu gato; ele parece esquecer quase imediatamente as injustiças. Se me esqueço de alimentá-lo, tudo é esquecido no momento em que lhe dou comida. Surpreendente! Os animais são incapazes de guardar rancor. Esta talvez seja a razão de muitos gostarem mais dos animais de estimação do que das pessoas!

Mas, quando nós humanos somos abusados ou magoados, não esquecemos tão facilmente. Por este motivo, nos tempos do Antigo Testamento, Deus separou 48 cidades em Israel para serem usadas como "cidades de refúgio". Os que cometiam assassinato involuntário em qualquer parte de Israel podiam fugir para essas cidades, a fim de escapar da ira dos parentes e amigos do morto. O princípio "olho por olho, dente por dente" prevalecia na lei do Antigo Testamento. Portanto, até a pessoa que tirava involuntariamente a vida de outrem podia ser castigada com a morte. Os que fugiam para uma das cidades de refúgio podiam permanecer ali a salvo, mas nunca mais poderiam deixá-la sem medo de ser punidos.

Através dos séculos, as pessoas sempre mantiveram a tendência do olho por olho. É como se o ressentimento ficasse indelevelmente gravado no tecido do cérebro porque ele se ajusta melhor à nossa natureza "inferior". Você sabe como é difícil persuadir alguém a desistir do ressentimento? Como psicoterapeuta tentei muitas vezes e falhei. As pessoas se agarram ao ressentimento como se as suas próprias vidas dependessem disso!

Como Justificamos o Ressentimento

A maioria de nós se apega ao ressentimento convencida de que ele é justificado. Dizemos a nós mesmos: Tenho o direito de sentir-me assim. Veja como fui machucado!

Se você é como a maioria, sem dúvida pode lembrar de várias instâncias em sua vida em que ficou traumatizado, seja física ou emocionalmente, e pode recapitular as vezes em que foi criticado ou viu o seu amor rejeitado. Você talvez possa preparar um filme da sua vida para convencer o júri mais cético de que foi injustamente tratado. E tem razão! Todos somos injustiçados em alguma época de nossas vidas. Mas, o fato de justificar-se ajuda a livrá-lo do seu ressentimento? Cura as suas feridas? Estou ainda para encontrar qualquer evidência de que guardar ressentimento torna a pessoa mais feliz ou mais saudável. Pelo contrário, o ressentimento tende a destruir quem se apega a ele e não quem cometeu a injustiça original!

Se o ressentimento é tão autodestrutivo, por que nos agarramos tão tenazmente a ele? Creio que quando sofremos profundamente, de alguma forma estranha, temos prazer no ressentimento. Ele alimenta a autopiedade, faz com que nos sintamos cheios de justiça própria. O cultivo do ressenti me trazia cartas que ela escrevera anos antes para provar como era uma pessoa horrível. Chegou até a fazer gravações de conversas telefônicas com ela, a fim de confirmar sua opinião. Nada que li ou ouvi me convenceu de que a mãe dele era um bicho-papão. Ao contrário, parecia uma alma bondosa e amável, tentando desesperadamente conquistar o amor do filho. Ele torcia tudo para justificar e alimentar o seu ressentimento. O resultado? Tornou-se um indivíduo obcecado e infeliz. O ressentimento pode envenenar nossas vidas — assim como a vida dos que nos cercam.

Como Lidar Com o Ressentimento

Deus não pretendeu que nos tornássemos predispostos à autodestruição. Na qualidade de seres com livre-arbítrio, decaídos, escolhemos nosso próprio destino e, se deixados por nossa própria conta, iríamos certamente nos auto-destruir.

Deus, porém, não nos abandonou! Ele providenciou uma solução milagrosa para o nosso problema — no evangelho. Como psicólogo, surpreendo-me continuamente com a perfeição com que o evangelho se ajusta às nossas necessidades e oferece respostas aos mais profundos problemas, embora nem sempre nos utilizemos dele.

Ao refletir sobre as provisões benéficas de Deus, especialmente para a cura do ressentimento, vejo quatro passos importantes a serem dados para anular o poder destrutivo do ressentimento:

1. Desenvolver uma perspectiva santa em relação às suas mágoas.
2. Abandonar o seu desejo de vingança.
3. Mostrar o seu espírito de perdão aos que o magoaram, e
4. Transformar deliberadamente o seu ressentimento em bondade.

Esses passos são todos consistentes com a perspectiva bíblica de como lidar com a mágoa. Atenção cuidadosa a cada um deles irá propiciar cura ao seu ressentimento e isto, por sua vez, o capacitará a ajudar melhor seus filhos a superarem suas próprias mágoas. Você, como pai divorciado, tem a obrigação de manter para seus filhos o ambiente mais saudável possível a fim de que se ajustem à nova situação. Enquanto examinamos cada um desses passos, confie em Deus para ajudá-lo a pô-los em prática na sua vida!

Desenvolver uma Perspectiva Santa em Relação às Suas Mágoas

Se pudéssemos esquecer rápida e eficamente as nossas mágoas, os ressentimentos não seriam um problema. Mas isso não é possível. Eu brinco às vezes sobre a possibilidade dos laboratórios farmacêuticos inventarem uma "pílula do esquecimento". Tenho a certeza de que poderia usá-la em meu trabalho na clínica!

O ressentimento, em vez de ajudar-nos a esquecer, na verdade nos ajuda a lembrar. As memórias tristes são mantidas vivas em vez de ajudadas a se desvanecerem. Devemos encontrar então outro meio de curá-las.

Não existem atalhos para isso, nem mesmo para Deus. Ele não remove as lembranças das nossas mágoas, mas quer que as enfrentemos corajosamente.

A coisa mais importante a lembrar sobre os sentimentos feridos talvez seja que só sentimos a dor no aqui e agora. Se estamos sofrendo hoje por algo que ocorreu na semana passada, é porque nossa memória pode recordar ainda vivamente o episódio. Tome então nota da seguinte regra: *A cura do nosso ressentimento começa quando nossas lembranças perdem a sua capacidade de recriar o sentimento de mágoa no presente.* Acredite em mim, esta é uma regra poderosa!

Como remover das nossas lembranças sua capacidade de ferir-nos? Um meio é aprender a contemplar nossas mágoas no contexto da tristeza que causamos a Deus com a nossa desobediência. Jesus contou uma parábola importante, muitas vezes chamada de "parábola do credor incompassivo", em Mateus 18.21-35. Como todas as parábolas de Jesus, ela contém uma mensagem poderosa de Deus.

A parábola começa com Pedro perguntando a Jesus quantas vezes ele deve perdoar o "irmão" que pecar contra ele? Sete vezes é o suficiente?

Jesus replica que é preciso mais que isso; de fato, nem mesmo sete vezes sete basta. Ele conta a seguir a história de um rei que queria acertar as contas com seus servos. Um dos servos levado a ele lhe devia dez mil talentos (quase um milhão de dólares em moeda corrente). Quando recebeu ordem para fazer o pagamento, o homem rogou de joelhos ao rei que não vendesse sua mulher, seus filhos e tudo o que tinha. — Prometo pagar toda a dívida. Peço apenas um pouco mais de tempo.

Qual foi a resposta do rei? Ele teve compaixão e perdoou toda a dívida.

Quando esse mesmo servo deixou a câmara do rei encontrou um segundo servo que lhe devia cem denários (cerca de dez dólares). Agarrando-o pela garganta ele exigiu: — Pague o que me deve ou vai se arrepender! — O segundo servo cai de joelhos e implora: — Prometo que pagarei tudo o que devo. Só me dê um pouco mais de tempo. — O servo incompassivo recusa e faz com que o prendam até que possa pagar tudo.

Quando o rei fica sabendo do caso, ele chama o primeiro servo e diz: "Servo malvado, perdoei-te aquela dívida toda porque me suplicaste; não devias tu, igualmente, compadecer-te do teu conservo, como também eu me compadeci de ti? E, indignando-se, o seu senhor o entregou aos verdugos, até que lhe pagasse toda a dívida" (vv. 32-34).

Jesus pronuncia então esta frase de grande importância: "Assim também meu pai celeste vos fará, se do íntimo não perdoardes cada um a seu irmão" (v.35).

Não sei se isso acontece com você, mas essas palavras de Jesus me arrepiam a espinha.

Vamos agora esclarecer o significado da parábola. Não se trata de uma história sobre dinheiro, mas sobre mágoas e ressentimentos. A Escritura se refere a isso como "pecar contra". E os personagens? O rei é Deus. O primeiro servo é VOCÊ. O segundo servo é quem o magoou. No nosso contexto, o seu ex-cônjuge.

A lição-chave é esta: Não importa quanto outros o tenham machucado (o equivalente a dez dólares), a sua mágoa é insignificante quando comparada à que você infligiu a Deus (equivalente a um milhão de dólares).

Agora o remate: A não ser que perdoe a mágoa que outros lhe infligirem, Deus não pode perdoar a sua dívida para com ele. Refiro-me a isso como as "entrelinhas" da Escritura, porque tendemos a esquecê-las em nossa pressa de sermos perdoados por Deus. Mas esta fórmula está contida nessa parábola. Oramos a mesma cada vez que fazemos a Oração do Pai Nosso: "Perdoa as nossas dívidas, assim como nós perdoamos aos nossos devedores..." Não podemos escapar dela!

Compreender esta verdade nos ajuda a colocar nossos ressentimentos na perspectiva certa. Quando compreendemos que a maior mágoa que alguém pode causar-nos não é nada em comparação com a que causamos a Deus por causa da nossa desobediência e pecado, a questão de quantas vezes devemos perdoar os que nos ferem passa a ser irrelevante. É preciso perdoar sempre, porque a nossa dívida com Deus sempre permanece maior do que a dívida de outros conosco, inclusive um ex-cônjuge. Quando esta perspectiva fica clara em nossas mentes, é mais fácil livrar-nos do ressentimento.

Livrar-se do seu Desejo de Vingança

É natural que quando somos magoados, queiramos revidar. Esta tendência tem origem na nossa necessidade primitiva de autopreservação: "Se você me ferir, eu também firo você".

Em algumas situações esta pode ser uma lei saudável, como por exemplo quando somos atacados fisicamente. Mas, quando se trata de ferimentos psicológicos, a necessidade de revidar não ajuda. Ela se torna autodestrutiva e não autoprotetora. A vingança gera a vingança e o ciclo é infindável.

Susana, uma mulher inteligente e encantadora, na metade da casa dos trinta e mãe de três filhos, descobriu certo dia que o marido Bob estava tendo um caso com sua irmã mais nova. Ela ficou indignada. No geral uma pessoa calma e razoável, Susana descobriu repentinamente que era capaz do ódio mais intenso. — Acho até que poderia matar alguém neste ponto — disse ela quando procurou minha ajuda profissional, depois de compreender como as suas emoções podiam dominá-la.

A situação de Susana era a pior possível. — Se pelo menos Bob tivesse um caso com alguém desconhecido, seria mais fácil perdoá-lo. Mas minha própria irmã! Tenho de vê-la quase todos os dias. Jamais poderei perdoar qualquer deles.

Durante algum tempo Susana carregou a sua mágoa e ressentimento ocultos no coração. Na aparência ela dava a impressão de ter perdoado Bob e a irmã; mas, à noite, quando tentava dormir, ruminava o caso. Fantasiava flagrar o marido e a irmã e orar para que Deus destruísse a ambos. Tornou-se irritada e zangada com todo mundo. Aos poucos foi ficando introvertida e amarga. Sua necessidade de vingança agora a controlava. — Penso que a única maneira de livrar-me desse sentimento é fazer algo terrível contra Bob e minha irmã, — foi a conclusão final e desesperada dela.

Para ajudar Susana a lidar com seus sentimentos ressentidos, lembrei-a da parábola do servo incompassivo e pedi que colocasse a sua mágoa em perspectiva, comparando-a com a tristeza que causara a Deus. Minha tarefa para ela foi simplesmente esta: Com a ajuda de Deus ela deveria chegar ao ponto de ver claramente e compreender que o seu sofrimento, embora terrível, era insignificante quando comparado ao sofrimento que Deus tinha o direito de sentir em relação a ela.

Esta tarefa levou algum tempo. Susana orou muito sozinha e também oramos juntos a respeito. Mas, aos poucos, o pleno significado desta verdade surgiu diante dela e conseguiu ver então um quadro mais abrangente da nossa condição decaída. Estava agora pronta para o próximo passo — lidar com o seu forte desejo de vingança.

Fiz com que se lembrasse das últimas palavras da parábola, conforme o livro de Mateus: "E, indignando-se, o seu senhor o entregou aos verdugos, até que se pagasse toda a dívida. Assim também meu Pai celeste vos fará, se do íntimo não perdoardes cada um a seu irmão" (Mt 18.34-35).

Como nos livramos do nosso desejo de vingança? Perdoando aos que nos ferem. NÃO HÁ OUTRO MEIO! É por isso que os não-cristãos não têm escapatória.

O que significa perdoar? Simplesmente isto: Você renuncia ao seu direito de revidar. Em termos humanos, você tem o direito de ferir aqueles que o feriram; a vingança é um princípio secular! Mas, quando perdoa, segundo o caminho de Deus, você desiste desse direito. Por quê? Porque precisa ser protegido do sofrimento. Desistir do direito de vingança *é para seu benefício*, porque se ceder ao seu impulso de vingança não haverá fim para o conflito. Deus nos conhece melhor do que conhecemos a nós mesmos; esta a razão de nos ser exigido o perdão.

Depois de muitos anos de tratar com os problemas de pessoas na área da ira e do ressentimento, estou mais convencido do que antes de que a cura das nossas "memórias feridas" está no perdão. À medida que deliberadamente renunciamos à nossa necessidade de revidar, tiramos das nossas memórias o poder de ferir-nos.

No caso de Susana, renunciar ao desejo de vingança foi fácil, embora nem todos ajam assim. Ela apenas se decidiu a ter um novo encontro com o amor e a graça de Deus. O que compreendeu em seguida é que isso a libertara do ressentimento. Susana era novamente uma alma perdoada e libertada.

Mostre seu Espírito de Perdão aos que o Magoaram

Embora o perdão seja sempre necessário ao lidar com o ressentimento, ele pode não ser suficiente. Nem todos magoam você uma única vez, pedem desculpas e perdão e depois não repetem o ato. Alguns continuam machucando você continuamente! Talvez façam isso aberta e maldosamente, ou de forma inconsciente. Em qualquer dos casos o sofrimento pode ser insuportável.

O que fazer em tal situação? Diga francamente que não permitirá que suas atitudes amargurem você. Não irá revidar nem vingar-se. Em lugar de suas palavras abrirem caminho para que magoem mais você, a reação será geralmente de deixá-lo em paz.

Permita-me enfatizar um ponto sobre o perdão que é essencial para a cura do ressentimento: Desde que o perdão se destina a proteger-nos de nossa própria ira, não é necessário que nossos inimigos admitam a sua culpa ou peçam o nosso perdão. Nós perdoamos, portanto, sem levar em conta a atitude de quem nos magoou.

Mostrar o seu espírito perdoador não significa que você permite que a outra pessoa continue a feri-lo. Depois de perdoar e mostrar que perdoou, você fica livre para dar o próximo passo, que é pedir corajosamente a quem o magoou que deixe de agir desse modo. A fim de fazer isto você precisa ser afirmativo e amável, assim como confrontar a pessoa com toda sinceridade.

Você correrá o risco de expôr-se neste ponto se quiser ter sucesso e isto pode até aumentar o seu risco imediato de novos sofrimentos. A longo prazo, porém, aceitar o risco será sempre melhor.

Vamos supor que seu cônjuge divorciou-se de você. Ele afirmou não mais amá-lo e que seu desejo é começar uma nova vida com outra pessoa. Mas isso ocorreu há um ano e, para justificar as suas atitudes, ele continua a trazer à tona os seus erros passados e listar todas as suas fraquezas. Ele se aproveita de cada oportunidade para fazer lavagem cerebral em seus filhos para que acreditem que ele é bom e você mau e que está fazendo a coisa certa. Este comportamento está colocando você na parede e seu ressentimento aumenta. O que fazer?

O primeiro passo, naturalmente, é ir para um lugar de perdão. Não revide. Renuncie ao seu direito de dar o troco. Você fica então livre para declarar os seus direitos e insistir que os ataques terminem.

É preciso, entretanto, cautela! A razão de o confronto dificilmente funcionar é que ele se torna geralmente uma arma de castigo, sendo usado para atacar ou humilhar a outra pessoa, e isto nunca alcança o propósito esperado. Lembre-se, o perdão vem em primeiro lugar! A seguir, calma, corajosamente e de modo afirmativo — sem hostilidade ou rancor — defenda o seu direito de não ser mais magoado.

Transforme Deliberadamente o seu Ressentimento em Bondade

A cura do ressentimento não fica completa sem este último passo. Os psicólogos enfatizam bastante a importância de "praticar" as suas crenças como um meio de fortalecê-las. Em outras palavras, se você se comportar como gostaria de ser, pode tornar-se finalmente o que gostaria de ser.

Por exemplo, quer ser um indivíduo mais bondoso? Comece então a comportar-se mais bondosamente com os outros. Descobrirá que com o tempo a bondade se tornará parte do seu caráter.

O apóstolo Paulo nos dá esta mesma receita para proteger a nossa cura do ressentimento. Em Romanos 12.17-21 ele nos diz para nunca cedermos ao sentimento de vingança porque fazendo isso o mal pode nos dominar. Como uma alternativa, ele nos aconselha o seguinte: "Se o teu inimigo tiver fome, dá-lhe de comer; se tiver sede, dá-lhe de beber; porque, fazendo isto, amontoarás brasas vivas sobre a sua cabeça" (v.20). Note que o marido ou esposa divorciado se qualifica claramente aqui como um "inimigo"!

As palavras de Paulo simplesmente repetem o que Jesus nos diz em Lucas 6.27: "Eu, porém, vos digo: Amai os vossos inimigos, fazei o bem aos que vos odeiam..."

A reação da maioria das pessoas a essa atitude é: "Absolutamente não!" Temos dificuldade com essas palavras porque estamos preocupados com a idéia de que os que nos fazem sofrer irão escapar sem castigo. Queremos vingança. Queremos ver nosso inimigo castigado. Mas o evangelho tirou o nosso direito de castigar ou ver o castigo aplicado. Deus diz com efeito: "Sou eu quem aplica a punição; tudo o que quero que faça é perdoar. Se fizer isso todos poderão viver em paz".

Quer saber como livrar-se da ira e do ressentimento e tirar proveito completo do perdão? Transforme o seu ressentimento em bondade. Reaja a um ato de maldade com outro de bondade. Quando fizer isto, qual será o resultado para você?

- Ajudará você a agir de acordo com as suas palavras! Se disser que perdoa, é melhor comportar-se como se tivesse realmente perdoado.
- Reforçará a sua fé, dando-lhe a sensação de que está no controle.
- Protegerá você de mais ira e hostilidade.
- Maximizará a possibilidade da pessoa que o fez sofrer não continuar nessa atitude.
- Impedirá você de pecar mais, porque o seu comportamento está de acordo com as suas atitudes.
- Colocará a culpa pelo conflito sobre a quem ela pertence. Quando transformamos o nosso ressentimento em bondade, nos certificamos de que as brasas da culpa e do castigo são amontoadas sobre a cabeça do culpado. Impedimos assim que a nossa reação se torne um pecado maior do que a ação original.

Os seres humanos são criaturas complexas. É isto que nos torna tão notáveis e belos. Mas só podemos tornar-nos belos por dentro e completamente funcionais quando obedecemos a lei que Deus criou e nos comunicou. O resto deste livro só será útil se você, como pai divorciado, começar agora a resolver suas mágoas e desistir do seu ressentimento. Com a ajuda de Deus pode fazer isso. Creia nisto de todo o seu coração e mente. Já vi tal coisa acontecer na minha vida e sei que pode acontecer também na sua.

4
Erros comuns dos pais divorciados

Não existem dois divórcios iguais. O que ajuda a diminuir a destruição em um, não funciona muitas vezes no outro. Mas os divórcios destrutivos que tive oportunidade de ver têm certos aspectos em comum e são essas características comuns que quero enfocar aqui.

Os pais que estão se divorciando ou que estão no processo de iniciar o divórcio tendem universalmente a cometer os mesmos erros. São exatamente esses erros que têm a possibilidade de causar grande sofrimento e é importante evitá-los.

Embora ninguém esteja imune de errar num assunto tão delicado quanto a dissolução de um casamento, o risco aumenta nessas circunstâncias. As emoções penosas do divórcio tornam todos vulneráveis à certas armadilhas.

O divórcio é um evento emocionalmente carregado que irá provar o caráter e as defesas dos mais fortes dentre nós. Você pode ser a mãe ou o profissional mais competente, o mais hábil pregador ou cirurgião, e ter todos os aspectos da sua vida fora do casamento sob perfeito controle. Mas no momento em que o divórcio assume o leme, é bem provável que ele traga à tona tudo o que há de pior em você e suas características mais fracas. Você se torna um idiota confuso, inclinado a cometer toda sorte de erros.

Em vista do divórcio mostrar o seu lado pior, insisto em que seja totalmente honesto consigo mesmo e fique atento aos primeiros sinais de estar descontrolado. Enquanto discuto os erros comuns que os pais divorciados cometem, confie em Deus para que lhe dê a sabedoria necessária para compreender a si mesmo. Não seja levado a crer que está fazendo a coisa certa, quando de fato está vitimando seus filhos ou destruindo a si mesmo.

Não se Condene

A maioria dos pais normais tenta sinceramente fazer o seu melhor pelos filhos. Como resultado, eles geralmente sentem que falharam em relação a eles. Eu sei que faço isso. Será que dei a eles o que realmente precisavam enquanto cresciam? Será que falhei em meu papel de pai de alguma forma? É natural para os pais sentirem que falharam mesmo quando seus filhos se transformam em adultos maravilhosos.

Desde que este capítulo está destinado a salientar as armadilhas comuns do divórcio, é possível que muitos leitores se sintam culpados em alguns aspectos ao lê-lo. Quero então apelar desde já para que use a descoberta de seus pontos fracos como um incentivo para crescer e não uma ocasião para se condenar. Os fracassos servem para ajudar-nos a crescer e não para empurrar-nos em direção à derrota. Eles são o "feedback" que precisamos para mostrar-nos onde houve falhas e apontar as medidas corretivas que devem ser tomadas. Tome a decisão de aprender com os seus erros, a fim de evitar repeti-los.

Desde que ninguém vai enfrentar o mesmo conjunto de circunstâncias e mesmo que as pessoas não reajam sempre de modo igual, há algum risco em tentar estabelecer uma série de princípios comuns neste aspecto. Peço então ao leitor que avalie cuidadosamente se o meu conselho se ajusta à sua situação ou estilo de personalidade e o adapte, se necessário, aos seus problemas particulares. Busque a ajuda de um profissional se não conseguir preparar sozinho uma estratégia.

Não Permita Que Seus Sentimentos de Culpa Tomem Conta de Você

Não é comum que o pai (mãe) não se sinta culpado com o divórcio, quer seja ou não o instigador dele. Algumas vezes a pessoa se sente culpada pelo que outra está fazendo! Quando um ou ambos os pais são cristãos, este sentimento de culpa pode ser ainda maior. Por quê? Por sentir que não só falhou em relação aos filhos, como também com Deus.

É importante salientar aqui que há uma diferença em sentir-se culpado e ser culpado. Você pode *sentir-se* e *ser* culpado ao mesmo tempo, mas essas duas coisas nem sempre andam juntas. Você pode ser culpado de algo terrível, mas não ter absolutamente qualquer sentimento de culpa. Por outro lado, pode sentir-se terrivelmente culpado de algo sem ser na verdade culpado de nada. Para a maioria das pessoas em nossa cultura, os sentimentos de culpa estão sempre fora de sintonia com a culpa real. A razão para isto está na maneira como a nossa cultura está sempre procurando alguém para culpar.

Algumas vezes é fácil reconhecer os sentimentos de culpa, mas nem sempre. No geral o indivíduo não tem idéia de como os sentimentos de culpa subjacentes podem controlar o seu comportamento.

É notável para mim que apesar da nossa sofisticação psicológica, sentimentos simples mas sutis de culpa não sejam facilmente reconhecidos. Isto não seria um problema se não causasse o dano que causa.

Controlados como são pela culpa em nossa cultura, os pais divorciados cometem o erro de tentar aliviar de vários modos a culpa que sentem em relação a seus filhos. Os pais tentam apaziguar os filhos com presentes ou tentam conquistá-los com promessas fantásticas. A disciplina se torna um problema sob essas condições, porque os pais temem afirmar a sua autoridade com medo de ferir ainda mais os sentimentos dos filhos. Em conseqüência, muitos pais se tornam deprimidos. Eles se sentem incapazes de lidar com os problemas que os confrontam.

Uma mãe jovem, minha conhecida, abandonou o marido e dois filhos pequenos por sentir que estava ficando sufocada pelo estereótipo cultural de ser mãe e dona de casa. Ela odiava esses papéis e queria ficar livre "para ser ela mesma". Durante meses depois disso (estendendo-se finalmente a anos) essa moça mandava regularmente presentes caros aos filhos para "mostrar que os amo". Ela não os visitava, alegando que sua visita poderia perturbá-los. A verdade é que não conseguia lidar com a sua culpa quando estava com eles e então evitou vê-los.

Apesar de ser muito inteligente, essa mulher não conseguiu perceber que a sua culpa a dominava. Os presentes não eram em benefício dos filhos, mas do seu próprio. Sentia-se melhor ao enviá-los. Não visitar os filhos servia de proteção para os sentimentos de culpa dela e não para proteger os filhos do sofrimento de vê-la.

Os modos como tentamos reduzir nossos sentimentos de culpa são intermináveis e qualquer deles pode surgir numa situação de divórcio. Um pai (mãe) pode tornar-se excessivamente generoso e ceder a todas as exigências do filho. Outro pode evitar a responsabilidade ou contato com o filho, chegando até a mudar-se para o outro lado do país para afastar-se ao máximo e aliviar assim os seus sentimentos de culpa. É claro que todas essas táticas para reduzir a culpa são injustas e prejudiciais para a criança. Elas criam confusão, desconfiança e sofrimento para a criança mais do que aliviam os pais.

O Que Fazer Com a Sua Culpa

Estas são algumas sugestões para aliviar a sua culpa de maneira sadia. Suponho aqui que você está se sentindo culpado por algo que não foi realmente sua culpa. Se estiver fazendo algo mau para seus filhos, então é apropriado que sinta culpa. Admita isso, corrija o seu comportamento e os sentimentos de culpa desaparecerão.

1. Tente descobrir porque você está tendo esses sentimentos de culpa. Seus pais o fizeram sentir-se muitas vezes culpado? Uma infância muito estrita pode facilmente resultar em uma tendência para sentimentos extremados de culpa.
2. Seja mais aberto, admitindo para outrem, alguém próximo, os seus sentimentos de culpa. Isto ajudará a trazer esses sentimentos à tona, onde possa ver como eles o estão dominando. Muitas vezes relutamos em admitir tais sentimentos por medo de ter de mudar de comportamento. Se estivermos agindo errado, então este é um temor legítimo. A culpa nos ajuda a corrigir o comportamento errado. Mas, desde que é possível sentir-se culpado sobre muitas coisas menores e irrelevantes, podemos lidar melhor com esses sentimentos se os admitirmos diante de outra pessoa.
3. Evite enganar a si mesmo ou a outros para aliviar os seus sentimentos de culpa. A culpa precisa ser diretamente tratada. Você deve corrigir o que está errado ou aceitar o perdão de Deus pelo que fez—ou ambas as coisas.
4. Faça uma clara distinção mental entre a convicção de Deus e os sentimentos psicológicos de culpa. É fácil transformar a culpa neurótica em um deus e deixar de ouvir a voz divina a incentivar você. Nem sempre podemos confiar na nossa consciência. Ela é muitas vezes controlada por forças que se reportam à nossa primeira infância, podendo agir às vezes como um pai severo, despótico e rígido.

Um meio de perceber a diferença entre os falsos sentimentos de culpa e a convicção de Deus é a maneira como você reage ao perdão. As pessoas controladas por sentimentos inadequados de culpa acham difícil aceitar o perdão. Elas querem castigar a si mesmas e acabam se torturando. Os que são verdadeiramente convencidos por Deus reagem prontamente ao perdão que ele oferece.

O Papel do Pai Ausente é Crucial

O pai (mãe) ausente, que deixou a casa e não vive mais com seus filhos, muitas vezes não percebe como o seu papel é crucial no período pós-divórcio. Os pais, que são quase sempre o pai ausente, são os maiores culpados.

Uma pesquisa sobre a importância do pai que não fica com a custódia mostra claramente que o contato reduz os problemas comportamentais, o conflito entre os pais é pequeno e as crianças têm melhor desempenho na escola. Quem não deseja esses benefícios para os seus filhos?

Um estudo recente entrevistou os filhos dois anos após o divórcio dos pais, com relação às suas experiências e sentimentos a respeito. Ao mesmo tempo entrevistaram os pais divorciados. Os resultados são esclarecedores. Eles descobriram que os pais estavam completamente despercebidos de como era ainda intenso o sofrimento dos filhos dois anos após o divórcio. Além disso, 30% dos filhos desejavam ter mais contato com o pai ausente.

Essas duas descobertas são relevantes aqui. Por não terem contato com os sentimentos dos filhos, os pais não atentam no que eles precisam emocionalmente. Isto se aplica em especial ao pai ausente que não mantém qualquer tipo de contato. É fácil para eles cometer o erro de pensar que é melhor se ficarem fora do caminho, mas não há evidência para apoiar isto. As crianças querem e precisam do contato contínuo com o pai ausente.

Apresso-me em acrescentar que embora não seja categoricamente afirmado que a criança que tem contato com apenas um dos pais será inevitavelmente prejudicada em seu desenvolvimento, fica claro que as crianças que mantêm bastante contato com *ambos os pais* irão ser provavelmente menos prejudicadas pelo divórcio. Este duplo contato mantém o desenvolvimento normal. Quando há contato com apenas um dos pais, o pai que tem a custódia tem de esforçar-se mais para assegurar o bem-estar do filho. É então que os avós e outros parentes desempenham um papel crucial.

Torna-se imperativo, portanto, que os pais divorciados se esforcem ao máximo para criar os filhos em bases iguais. É comum os pais abandonarem essa tarefa para as mães, mesmo nas famílias intatas. Isto tem trágicas conseqüências e deve ser evitado. Ainda mais importante, porém, é que ambos os pais divorciados participem plenamente da vida dos filhos. Morar separado dos filhos não desculpa qualquer deles.

É claro que se o pai ausente deva envolver-se na criação dos filhos, o pai com quem estes moram deve também fazer um esforço especial para tornar isto possível. E é aqui que surge o conflito! Muitos pais (mães) tentam podar o pai ausente. Por quê? Na maioria das vezes como um castigo. Mas, desde que os filhos é que perdem, tal comportamento deve ser prevenido. Os pais devem resolver seus sentimentos de hostilidade e afastamento, a fim de que o contato adequado entre o pai ausente e os filhos possa ser mantido. Se houver conflito severo entre os cônjuges, será provavelmente melhor que o contato entre o cônjuge ausente e os filhos não se realize na presença do que tem a custódia. *Mas deve haver contato!*

Algumas vezes uma mãe ou pai bem-intencionado dá a desculpa de que seu ex-cônjuge não servia absolutamente como modelo para os filhos. Embora possa haver algumas instâncias raras, e estou dizendo raras, em que isto se aplique, tenho geralmente descoberto que tal atitude não passa de uma racionalização para manter a inimizade latente. Vou repetir: Os filhos precisam saber que os dois pais, mesmo que um deles não seja um modelo perfeito, estão por perto. De modo surpreendente, as crianças são perfeitamente capazes de decidir por si mesmas se um pai é ou não um bom modelo. Elas rejeitam os modelos inadequados quando têm necessidade disso, com uma exceção: Se forem forçadas a evitar o outro pai, podem sentir-se atraídas pelo seu estilo de vida. Os seres humanos têm esta tendência de fazer o contrário do que lhes é dito. Portanto, não se surpreenda se o afastamento forçado do outro pai não der certo!

A maneira como um pai ausente se relaciona com seus filhos é tão importante quanto o relacionamento em si. Levá-lo para comer hambúrgueres e permanecer emocionalmente distante é tão negativo quanto não ver nunca os filhos. A maneira mais eficaz é compartilhar as experiências comuns. Por exemplo, um pai ausente pode ir à igreja com os filhos em domingos alternados, estabelecer interesses comuns tais como passatempos ou atividades esportivas, construir modelos juntos, ir ao teatro (o cinema não ajuda muito) juntos, ou passar férias juntos.

Um pai ausente que quase não fazia nada com seus dois filhos durante o casamento, decidiu que seria um pai melhor agora que saíra de casa. Enquanto estava casado o conflito era tão grande que ele preferia manter-se longe nos fins de semana ou nos feriados. Depois do divórcio, porém, descobriu uma nova liberdade de estar com os filhos. Em breve compreendeu, no entanto, que levá-los para comer em restaurantes, que era no que o dia de visita degenerara, não satisfazia nem a ele nem aos meninos. Decidiu então comprar um pequeno barco a vela e esta atividade recreativa compartilhada revolucionou o relacionamento deles. Ela ofereceu um ponto de contato e interesse comum e no decorrer dos anos uniu firmemente pai e filhos como nada mais poderia ter feito.

Outro pai, depois do divórcio, viu uma oportunidade de compartilhar um interesse em colecionar selos e moedas com sua filha de dez anos. A menina começara a colecionar selos e moedas um ano antes do divórcio e o pai, com a intenção de construir um melhor relacionamento, decidiu participar do passatempo. Com o passar do tempo isto veio a tornar-se uma paixão para ele como o era para a filha e, mais importante que tudo, deu a eles um interesse compartilhado.

Descobrir pontos comuns de interesse não é difícil e não precisa custar caro. Basta compromisso e um pouco de engenhosidade. A biblioteca local está quase sempre cheia de idéias sobre hobbies e outras atividades divertidas que pais e filhos podem praticar juntos. Assistir aos jogos de futebol ou outros do filho, ir buscar as crianças na escola, fazer passeios e piqueniques com elas...A lista é infindável.

Direitos de Visita — o Pesadelo

Mais conflitos surgem sobre os direitos de visita do que sobre qualquer outro aspecto do divórcio, exceto o dinheiro. O conflito quase sempre é gerado pela inflexibilidade da parte de um dos pais. Os direitos de visita são geralmente usados para manipular, obter vantagens, ou castigar o ex-cônjuge.

Qualquer que seja a razão, *é sempre a criança que sofre por causa desses conflitos.* É injusto para a criança quando um ou os dois pais permitem que isto aconteça. Os conflitos sobre os direitos de visita criam tensão e sempre prejudicam a qualidade da visita — que é provavelmente o que um dos pais pretende que aconteça.

Privar o filho da visita do outro pai é algumas vezes usado para castigar o filho, muitas vezes como um meio inconsciente de punir o outro pai. "Só por ser malcriado, você não vai ver seu pai amanhã". Quem realmente sofre aqui? O pai que tem a custódia pensa realmente que esta forma de castigo muda mesmo o comportamento? É mais provável que acumule ressentimento que cobrará o seu dividendo mais tarde.

Esta é evidentemente uma escolha errada de castigo. Embora possa ser muito eficaz a curto prazo, golpeia a raiz da necessidade de segurança do filho e ajuda a destruir a sua saúde emocional. Usar tal método acaba sendo, a longo prazo, uma derrota pessoal para o pai (mãe).

As visitas da criança ao outro pai devem ser tratadas com grande respeito, não importa quais sejam os seus sentimentos. O respeito de seu filho por você irá aumentar rapidamente. Uma das razões de ter tanto respeito por meu padrasto, mais do que pelo meu próprio pai, é que ele sempre respeitou e encorajou minhas visitas a meu pai. Não posso lembrar de nenhuma ocasião em que ele tivesse posto qualquer empecilho!

O padrasto (madrasta) que tiver problemas neste ponto deve procurar ajuda profissional com a maior brevidade possível. Essas visitas são tão cruciais para o bem-estar da criança que nada deve interferir com elas.

Um erro muito comum dos pais no que se refere aos direitos de visita é interrogar os filhos sobre a vida dos ex-cônjuges quando eles voltavam para casa. As crianças detestam ser usadas como espiãs. Um adolescente, chamado Tom, expressou seus sentimentos desta forma: "Odeio quando minha mãe me pergunta sobre meu pai. Grito com ela e mando que pare. O mesmo acontece com meu pai. Chega um ponto em que ele me diz coisas e fala, 'Não conte à sua mãe', e eu não gosto de mentir. Mas, quando minha mãe me faz uma pergunta direta, tenho de mentir. Não vou contar porque sei que vai ficar magoada. E se contasse, meu pai descobriria e se zangaria comigo. Tudo isso me deixa louco!"

Sei como você se sente, Tom. É um inferno em vida!

Outro par de adolescentes (eles são gêmeos, irmão e irmã) contou-me sobre um jogo que fazem com a mãe. A história deles é esta: "Algumas vezes ela nos irrita e faz perguntas como: 'Sua madrasta está grávida?' Eu então digo não enquanto minha irmã diz sim, depois trocamos e digo sim e ela não. Continuamos o jogo até que minha mãe fica brava e para de fazer perguntas. Ela compreende então que não vai arrancar nada de nós".

As crianças também se ressentem de levar recados. A mensagem mais comum é, "Peça a seu pai que lhe dê o cheque" ou "Pergunte a seu pai porque não recebi o cheque". Isto força a criança a transmitir mensagens indutoras de culpa ao outro pai e estabelece conflito entre ela e o pai (mãe). Acaba sempre sobrando para ela quando é portadora de más notícias!

Esta, é claro, pode ser inconscientemente a intenção do pai (mãe), ou ele pode ignorar totalmente os efeitos prejudiciais que tal prática causa no relacionamento da criança. De qualquer modo, não envie recados por meio de seus filhos; essas são questões que os pais devem resolver entre eles.

As Coisas Mudam Devagar

Se eu fosse destacar o erro mais grave que os pais divorciados cometem, seria este: Vocês mudam as coisas muito rapidamente.

Quanto mais pratico a psicoterapia tanto mais convencido me torno de que as pessoas toleram as mudanças lentas melhor do que as rápidas ou repentinas. Quando a mudança se faz devagar, aprendemos a nos adaptar a ela mais facilmente e a fazer os ajustes necessários com maior eficácia.

Isto significa que a partir do momento em que o divórcio está sendo contemplado, ambos os pais precisam pensar muito sobre a velocidade em que as mudanças são feitas. Por exemplo, é bastante comum para o cônjuge rejeitado querer fugir. É o pânico da sobrevivência. "Vou vender tudo e morar no Alasca (ou Timbbuktu, ou qualquer outro lugar)!" Ou "Vou voltar para a minha cidade!" E muitos fazem exatamente isso. Eles fazem as malas e se mudam para evitar o sofrimento de ficar onde estão. O erro não é a mudança. Essa pode ser até uma boa idéia, especialmente se for morar perto da sua família e outros sistemas de apoio. Não, o erro é mudar as coisas depressa demais.

A necessidade de fazer algo surge parcialmente por causa do medo, mas no geral do simples e antiquado masoquismo. Você quer ferir a si mesmo ou seu ex-cônjuge. Se não tiver cuidado vai ferir seus filhos. O sofrimento gera sofrimento. Ele se alimenta da autopiedade.

As reações drásticas e as decisões impulsivas devem ser evitadas a todo custo. Elas podem ter um efeito perturbador sobre os filhos do divórcio. Mudanças repentinas aumentam os níveis já elevados da ansiedade deles e estabelecem um ambiente altamente instável.

Falo aqui por experiência pessoal. Quando minha mãe decidiu separar-se de meu pai, cuja decisão vejo agora que foi feita no impulso do momento, ela agarrou meu irmão e a mim e mudou-se para outra parte da cidade em que morávamos. Pode não parecer tão longe, do outro lado da cidade, mas a impulsividade da mudança, o ato de colocar todos os nossos pertences nas malas, deixar a nossa casa e os amigos sem sequer despedir-nos, sermos forçados a nos instalar numa segunda casa temporária e ir para uma escola diferente, aumentou muito a ansiedade que meu irmão e eu estávamos sentindo. Fomos obrigados a fazer muitos ajustes horrendos numa questão de dias. Isso era mais do que meu jovem coração e mente podiam suportar!

Já seria o bastante ter de enfrentar a notícia de que minha mãe ia pedir divórcio. Suponho que pensasse que estava nos protegendo, mas teria sido muito menos perturbador se tivesse sentado simplesmente conosco, explicado o que pretendia fazer e nos deixado em casa onde tudo em nossas jovens vidas teria continuado normalmente, pelo menos por algum tempo. Isto daria tempo para que meus pais discutissem racionalmente e planejassem uma estratégia a longo prazo para lidar conosco.

Compreendo hoje que existem outros fatores que instigam a ação rápida. Mas o que estou pedindo aqui é alguma estabilidade e sensação de segurança para os filhos. O melhor antídoto que conheço para a criança enfrentar a ansiedade criada pelo divórcio é experimentar estabilidade contínua.

Se for de todo possível, o ambiente familiar da criança e a rotina devem continuar. Isto torna mais fácil para ela ajustar-se primeiro à idéia da separação e do divórcio e depois preparar-se para as suas conseqüências.

Promessas, Promessas, Cumpra as Suas Promessas

É importante que os pais divorciados lembrem-se de outra regra essencial: *Não façam promessas que não possam cumprir*. Com muita freqüência, os pais tentam aliviar o sofrimento dos filhos fazendo promessas ridículas.

Os pais agem assim para aliviar seus próprios sentimentos de culpa. Eles se sentem melhor ao prometerem o céu aos filhos, a fim de compensá-los pelo que estão fazendo.

Algumas vezes essas promessas são irreais e não há meios de serem cumpridas. Mas a culpa cega a percepção dos pais para a realidade. Outras vezes elas são realistas, embora insignificantes, mas por serem oferecidas como uma expiação da culpa o pai convenientemente se esquece das mesmas. Se a criança cobra e o pai recusa, mais tensão se cria entre eles. É melhor abster-se de tentar resgatar a sua culpa!

Certo dia, logo depois do divórcio, Bob perguntou à filha mais velha, uma garota atraente de 16 anos: — Você gostaria de ir comigo ao Havaí neste verão?

Ela ficou compreensivelmente entusiasmada: — Você me leva mesmo, pai, mesmo?

— Claro, — replicou Bob. Mas, o que ele não disse foi que naquele momento já sabia que não tinha dinheiro para tal viagem. Estava endividado. Já tinha excedido o limite dos cartões de crédito e só teria férias no ano seguinte. Mesmo assim ele fez a promessa, confirmou-a e preparou o terreno para uma grande decepção por parte da filha.

Por que fez isso? Para aliviar sua culpa, evidentemente. Ele sabia também que a filha logo descobriria que estava tendo um caso com uma colega de trabalho e que fora isto que precipitara o seu divórcio. Seu intenso sentimento de culpa àquela altura distorceu completamente a realidade para ele. Em um ou dois dias voltaria ao bom senso e esperaria que a filha não se lembrasse da promessa. Há muita probabilidade, no entanto, de que ela nunca se esqueça e guarde ressentimento dele por muitos anos. *As promessas não cumpridas são muito lembradas!*

Pedro não foi tão generoso quando perguntou ao filho de 12 anos o que queria como um presente "especial". O divórcio de Pedro acabara de ser concedido e ele teve esse impulso súbito de ser bondoso com o filho.

— Oh, papai, quero uma guitarra elétrica!

— Claro. Ótimo. Vamos comprá-la no final de semana.

O dia marcado chegou e foi embora. O pequeno Pedro havia suplicado, importunado, chorado e ameaçado fugir. Acabou indo emburrado para o quarto onde se escondeu para que ninguém o achasse. O problema é que ninguém foi procurá-lo!

O papai estava ocupado demais naquele fim de semana. Talvez no próximo, se achasse tempo!

Mas o pequeno Pedro não ganhou a sua guitarra, ou foi isso que me contou mais tarde durante a terapia. O pai jamais pretendera comprá-la. A promessa foi só um meio dele sentir-se melhor. O fato de fazer o filho sentir-se pior pareceu escapar-lhe.

Essas são apenas algumas das histórias que ouvi sobre promessas quebradas. Ir a certos lugares, fazer coisas divertidas, comprar brinquedos; tudo prometido pelos pais em momentos de remorso ou para que os filhos não os importunem. Tais promessas não-cumpridas ensinam às crianças que não podem confiar em ninguém, especialmente nos que são mais próximos. É melhor não prometer nada do que deixar de cumprir uma promessa. Se você não prometer nada, mas depois der alguma coisa, a criança recebe um bônus e os bônus são melhores do que as decepções em qualquer tempo!

É isto que torna Deus tão maravilhoso. Ele jamais quebra as Suas promessas. De fato, Ele nunca promete algo que não pode dar. Em 1 Reis 8.56 lemos: "nem uma só palavra falhou de todas as suas boas promessas..." Pai cristão, este é o nosso modelo. Você não pode fazer nada melhor do que imitar a Deus neste assunto. O pai confiável produzirá filhos confiáveis, mesmo que a família esteja dividida.

Forçando Escolhas

Ao se verem rejeitados pelo cônjuge, alguns pais divorciados sentem-se inseguros em relação aos filhos, especialmente aos adolescentes. Eles se perguntam: "Meu filho me ama pelo que sou?" Chegam até a temer serem rejeitados pelo filho como fez o outro cônjuge.

Para resolver este conflito íntimo, os pais podem querer testar o afeto e a lealdade do filho, forçando a criança a fazer uma escolha. "Você gosta de mim ou de seu pai? Você quer morar comigo ou com ele?" As escolhas forçadas nunca levam a resultados felizes.

— Minha mãe me perguntou um dia se eu queria ficar com ela ou com meu pai, — Betty explicou-me. — Por que está fazendo isto comigo? — perguntei a ela. — É terrível quando os pais fazem isto com você, colocando a gente num ponto onde tem de escolher entre eles. Se escolher a mãe, magoa os sentimentos do pai. Se escolher o pai, acontece o oposto. É uma situação perde-perde. Então respondo as coisas normais — as meninas devem ficar com as mães e os meninos com os pais.

O conflito criado no coração da criança ao ser forçada a tomar partido pode ser muito prejudicial para o seu relacionamento com ambos os pais. Se for repetido com freqüência ou se o motivo de um pai forçar a escolha for interferir com o relacionamento da criança com o outro pai, pode haver dano emocional permanente.

As crianças são notavelmente perspicazes e brutalmente justas. Elas sabem quase sempre o que o pai está fazendo. Sabem que ele está testando o seu amor ou usando-a para castigar o outro cônjuge. Em vista de nem sempre se sentirem à vontade para falar contra o outro pai, podem internalizar seus sentimentos conflitantes, introverter-se e acumular ressentimentos que irão transferir mais tarde para outros relacionamentos.

Há diversas maneiras sutis em que um pai pode forçar escolhas sobre o filho e fazer parecer que ele está rejeitando um ou outro. "Quer ir comigo visitar sua avó, ou vai com seu pai?", "Quer ir comigo à igreja ou vai com sua mãe?", "O que vai fazer nas férias?"

Escolhas forçadas desse tipo causam conflito para a criança porque ela acaba perdendo sempre. Se escolher um dos pais, estará rejeitando o outro.

Se uma escolha legítima tiver de ser feita, então a maneira como as opções são apresentadas pode fazer toda a diferença entre uma reação sadia e outra conflituosa. A escolha deve ser sempre acompanhada de um comentário sobre o dilema da escolha. A seguir dê a seu filho completa liberdade para fazer sua escolha. Não tome a coisa pessoalmente.

Os passos simples que se seguem podem ajudar o pai a evitar as armadilhas da tomada legítima de decisão:

1. Admita para seu filho que ter de escolher entre os pais é uma tarefa difícil. Isto afirma os sentimentos dele e mostra que você entende o dilema. O respeito por você irá aumentar a passos largos!
2. Assegure seu filho de que ele tem total liberdade para fazer a sua própria escolha e que esta não irá afetar o seu relacionamento com ele.

3. Apresente claramente as opções para a criança, assegurando-se de que não comunicou qualquer preconceito.
4. Obrigue-se a aceitar a decisão da criança, qualquer seja ela, sem desapontamento ou ressentimento.
5. Diga a seu filho que está satisfeito com a decisão dele, mesmo que seja contra você. Este último passo é importante, porque fazer uma afirmação positiva deste tipo pode reforçar a aceitação em seu íntimo.

Faça um esforço para sentir-se como deseja e ficará surpreso ao ver quão rapidamente passará a ter esses sentimentos.

Descobrindo a Si Mesmo

Uma discussão mais completa dos muitos erros que um pai pode cometer no período pós-divórcio iria ocupar muitos livros. A melhor ajuda que posso oferecer é resumida como segue: Se quiser evitar erros, procure compreender o mais possível a si mesmo. Quanto melhor conhecer a si mesmo e, especialmente, os seus motivos, tanto mais saudáveis seus filhos serão. Procure ajuda profissional se necessário. O esforço vale a pena.

Os seres humanos podem ser notavelmente ingênuos e com freqüência agem com pouca autopercepção. Não se trata de serem idiotas ou de não se preocuparem com os filhos. Eles não são e se preocupam. Mas todos tendemos a dizer e fazer muitas coisas sem refletir e sem saber a razão de nossas atitudes. A autopercepção não vem com o nosso pacote de genes! É algo que temos de desenvolver.

Com a maior autopercepção surge a habilidade de escolher as atitudes certas e se devemos ou não agir. O pai (mãe) que sabe porque tem certos sentimentos pode evitar dizer ou fazer algo prejudicial. Em contraste, o pai que fala ou age sem a autocompreensão corre o risco de cometer erros. É como disparar uma arma com os olhos vendados; não é possível saber onde a bala vai cair.

Desde que o divórcio da maioria das pessoas resulta do acumulo de fracassos, o período de recuperação pós-divórcio só produzirá crescimento se as partes procurarem desenvolver maior autocompreensão. Em outras palavras, a pessoa divorciada deve tentar beneficiar-se dos erros do passado. E isto só pode acontecer se ela tomar tempo para examinar os erros cometidos no casamento anterior e procurar extrair deles tudo que puder a respeito de si mesma. O divórcio pode ser uma escola dura, mas se você aprender bem, a sua vida talvez venha a ser melhor por causa dele.

Alguns de nós aprendem facilmente com os erros passados. Outros aprendem devagar—precisam de ajuda. O que pode ajudar? Você precisa de um ombro amigo, alguém com quem falar a fim de esclarecer os seus pensamentos e testar as suas idéias. Por esta razão, recomendo que cada pai procure alguma forma de aconselhamento ou terapia imediatamente após o divórcio. Isto não tem de ser feito num ambiente profissional, embora seja quase sempre o meio mais fácil e conveniente. Um conselheiro pastoral competente, um amigo íntimo equilibrado e sensível, ou até um grupo de apoio para adultos ou divorciados em sua igreja local pode ajudar muitíssimo.

Na melhor das hipóteses, o divórcio é uma experiência difícil para uma criança entender. Para enfrentar as mágoas e desapontamentos de um lar destruido, as crianças precisam do apoio e da ajuda de dois pais sadios, honestos e amadurecidos, mesmo que estejam seguindo direções diferentes. Você deve a seus filhos ser o mais sadio que puder e ter completa percepção do que está fazendo a si mesmo e a eles. Se a devastação do divórcio deva ser mudada para tornar-se uma experiência positiva, todos precisam crescer. O que começou como uma catástrofe pode dar lugar a uma nova intimidade e compreensão que é difícil alcançar até mesmo nas famílias intatas.

Embora não possa defender a idéia de que os casais se divorciem só para todos ficarem melhores por causa disso, não há razão para o indivíduo não esforçar-se para progredir uma vez que não haja meios de evitar o divórcio.

5
Os sentimentos de seu filho

O que uma criança sente antes, durante e depois do divórcio? Esta questão básica é essencial, porque os ajustes que devem ser feitos e o impacto residual do divórcio sobre a criança serão em grande parte determinados por essas emoções. Se você, como pai (mãe) divorciado, puder compreender e aceitar esses sentimentos e depois encontrar meios de ajudar seu filho a expressá-los, os efeitos prejudiciais do divórcio serão grandemente reduzidos.

Deus é o grande consolador. A cura espiritual oferecida por ele em Cristo tem um efeito notável sobre as conseqüências físicas e psicológicas de qualquer experiência traumática. Como pai, você tem a responsabilidade de ajudar seu filho a receber esse consolo e cura. Você deve ser o canal para esse consolo, mas a fim de fazer isto eficazmente é preciso que primeiro compreenda o que seu filho está sentindo. Este capítulo tem o propósito de ajudá-lo nisto.

Qual o Motivo Para Fugirmos dos Sentimentos?

A não ser que seja um terapeuta treinado, você irá provavelmente achar desagradável a expressão de sentimentos penosos e desejará evitá-la. Sinto dizer que os homens têm mais problemas com isto do que as mulheres. Portanto, eles talvez tenham de trabalhar mais duramente para enfrentar os seus próprios sentimentos.

Em vista das emoções suscitadas pelo divórcio, antes, durante e depois, serem quase sempre intensas, é bastante natural que deseje evitá-las. Por quê? Porque lidar com a mágoa de uma criança faz você sofrer ainda mais. Já dói bastante ter de lidar com o sofrimento do adulto, mas a dor da criança é ainda mais cortante — pergunte a qualquer dentista ou cirurgião.

É apenas humano querer evitar o sofrimento alheio. Esta é uma das razões para as pessoas não gostarem de hospitais. Seu sentimento de simpatia pelo sofrimento dos doentes pode ser um problema. É como se tomassem sobre si o sofrimento deles. É isto que significa simpatia e trata-se de uma reação perfeitamente normal. Os que se especializam em trabalhos de ajuda, tais como psiquiatria, psicologia clínica ou medicina, são treinados para superar esta reação de simpatia. Se não fizessem isso, jamais poderiam dar uma injeção e muito menos realizar uma cirurgia. Lembro-me de ter tentado dar uma injeção no nosso cachorro quando jovem. Não consegui empurrar a agulha no pescoço dele e tive de levá-lo ao veterinário.

Mas, não é só a dor física que nos causa problemas, a emocional também tem o mesmo efeito. Os profissionais não-treinados sucumbem quando permitem que o sofrimento emocional os perturbe. Esta a razão de treinarmos nossos conselheiros a sentir empatia e não simpatia. Qual a diferença? Na empatia tentamos compartilhar o sofrimento alheio com compreensão e não com, sentimento. A simpatia compartilha do sofrimento emocional com sentimento e não com compreensão.

Tudo isto é para dizer que você deve esforçar-se para pôr de lado a sua simpatia e não sentir o sofrimento de seu filho.

Quanto mais tentar compreendê-lo, tanto mais empatia pode ter sem que seus próprios sentimentos atrapalhem. Sei que não é fácil, mas você tem de tentar manter os seus sentimentos fora do caminho.

Para o pai, a resposta simpática é geralmente intensificada pelos sentimentos de culpa. O pai (mãe) pode culpar a si mesmo pelo que o filho está passando, embora não seja inteiramente culpado.

Quando uma criança mostra aflição, a primeira tendência do pai é fugir do sofrimento, com medo de que ele vá aumentar o seu próprio, ou tentar impedir que a criança sinta tanto esse sofrimento. Tudo é feito de maneira sutil. Por exemplo, o pai pode tentar impedir os sentimentos da criança procurando dar-lhe segurança, ou dizendo: "Fique calmo, não é o fim do mundo".

Não é bom tentar remover os sentimentos penosos da criança? Na verdade não. Os sentimentos servem a um objetivo importante no processo de cura. Impedir os sentimentos da criança pode deter a cura. O sofrimento não desaparece, ele apenas torna mais longa a tarefa do ajuste, forçando a tristeza a manter-se na retaguarda. Por não estar na superfície, este sofrimento enterrado pode provocar muito mais estragos do que o que aparece e é facilmente reconhecido.

Quando uma criança é impedida de expressar os seus sentimentos, especialmente por uma perda, o importante processo do luto é detido. Qualquer outra coisa que o divórcio possa significar para uma criança, ele é pelo menos uma perda significativa da unidade familiar. Algo morre e é preciso usar luto por ele.

Muito tem sido escrito em anos passados sobre o processo do luto e de permitir que a pessoa enlutada demonstre abertamente o seu sofrimento emocional. Este processo deve percorrer o seu curso sem ser abortado ou sufocado. Isto é igualmente verdadeiro quer a perda seja morte ou divórcio.

Com efeito, o que estou tentando dizer é que é importante que os pais divorciados não fujam do sofrimento dos filhos nem tentem remover a dor necessária para que a tristeza realize o seu trabalho de cura. O seu nível de conforto não é a questão aqui, mas a cura do filho. Esteja certo de que o consolo de Deus, ministrado pelo Seu Espírito, tem poder para lidar com as mais profundas tristezas humanas.

Consolo Mediante Compreensão

Fica muito claro pela Escritura que não devemos apenas obter consolo em Deus, mas também consolar uns aos outros (veja 1 Ts 5.11). Para podermos consolar é preciso compreender. A verdade desta frase é confirmada a cada dia na prática de um psicoterapeuta ou conselheiro. As pessoas que logo pronunciam palavras de conselho ou afirmação, sem primeiro dar-se ao trabalho de compreender como a outra está se sentindo, não são consoladores competentes. Mesmo que o seu conselho esteja firmado na sabedoria de Salomão, ele não é útil por si mesmo. Eu diria que mil palavras de conselho são equivalentes a umas poucas de compreensão. Por que incomodar-se então em dar conselhos? Fique com a tentativa de compreender e você será um grande consolador.

Para compreender realmente os sentimentos de uma criança sobre o divórcio é preciso coragem por parte dos pais — coragem para penetrar as mágoas de outra pessoa sem temer que o seu próprio sofrimento aumente e coragem para ouvir e até aceitar a culpa sem tornar-se defensivo. Os pais que fazem este esforço descobrem, paradoxalmente, que eles também são consolados ao tentarem compreender o filho. Vi isto acontecer muitas vezes e sei que funciona.

Há alguns anos trabalhei com uma família que estava se divorciando. Dos dois filhos envolvidos, o menino mais velho, que tinha cerca de 14 anos de idade, ficara muito deprimido. Durante meses, desde que soubera da provável separação dos pais, sua disposição tinha sido melancólica. Mostrava-se triste, chorava facilmente e se afastara de todos os amigos. Deixou de fazer a tarefa de casa e suas notas baixaram. Ele passava o tempo livre deitado no chão do quarto, com fones de ouvido isolando o mundo, escutando música pop. Seu pai, que fora o principal instigador do rompimento da família, viu como o filho estava deprimido e ele também entrou em depressão. Evitava o filho, sentindo-se culpado e completamente incapaz de fazer qualquer coisa para ajudá-lo.

— O senhor não pode tirar meu filho dessa depressão? — perguntou-me o pai durante uma sessão de terapia. — Não, não posso, — respondi, — mas você pode.

Sugeri então que o pai acompanhasse o filho numa excursão de pesca, esperando que isto desse a ele uma oportunidade de expressar seus sentimentos contra o pai.

— Mas não será pior? — perguntou o pai. (O que ele estava realmente perguntando era: "Não será pior para mim?")

— Talvez, — respondi. — Mas temos de correr o risco.

O pai concordou em tentar e aquela pescaria foi uma experiência de cura para ambos, pai e filho. Eles puderam mostrar um ao outro o seu carinho mútuo e o pai conseguiu desenvolver uma profunda compreensão dos sentimentos do filho. Ele não defendeu nem tentou explicar seus atos ao garoto, apenas aceitou os sentimentos dele como eram.

Embora isto não salvasse o casamento (e devo confessar que orei para que de alguma forma o tempo passado com o filho pudesse mudar as coisas), fez muito para reduzir o dano emocional que o menino podia ter sofrido. Também conseguiu que a ira e o ressentimento profundos que ele estava sentindo não prejudicassem o seu relacionamento subseqüente. O esforço extra feito pelo pai para tentar compreender o filho curou parcialmente a ambos.

O Que o Filho do Divórcio Sente?

Os sentimentos experimentados pelo filho do divórcio irão mudar com o passar do tempo. Como acontece no período de luto após a perda de um ente querido, há estágios emocionais claramente definidos pelos quais as crianças passam enquanto tentam lidar com a dissolução da família. Os seis estágios são os seguintes:

1. Medo e ansiedade
2. Abandono e rejeição
3. Solidão e tristeza
4. Frustração e ira
5. Rejeição e ressentimento, e
6. Recuperação da confiança.

Esses estágios emocionais são inevitáveis e normais. Como pai divorciado, não espere que seu filho evite milagrosamente essas fases. Pelo contrário, ore pedindo a Deus que o ajude a atravessá-las de maneira sadia e que o aprendizado seja para ele um processo positivo e não negativo. Ore para que seu filho compreenda e aceite esses estágios.

Nas páginas que se seguem examinaremos cada estágio mais detalhadamente e veremos o que você, como pai, avô, ou outro parente, pode fazer para facilitar o ajuste a cada fase.

Estágio 1: Medo e Ansiedade

O conflito entre os pais pouco antes de um divórcio pode tomar muitas formas. Em alguns lares ele é bastante visível; vozes alteradas, gritaria e brigas enviam mensagens claras aos filhos de que existe um problema. Mas as crianças nem sempre percebem que há um divórcio à vista. Elas no geral negam a gravidade do conflito e passam a fazer de conta que tudo vai acabar bem.

No outro extremo, algumas famílias usam a guerra "fria" para expressar os conflitos. Não há brigas diante dos filhos nem é feita qualquer insinuação de que algo está errado. As crianças nessas casas podem vir a odiar os longos períodos de silêncio entre os pais, mas elas também raramente esperam que um rompimento familiar possa ocorrer.

Parece então que o anúncio claro de uma separação e divórcio é quase sempre uma surpresa para os filhos, quer o conflito em casa seja aberto ou oculto. A primeira reação emocional deles é, portanto, de pânico, medo e ansiedade.

O que provoca esses sentimentos? De repente um desconhecido cavernoso se abre na frente da criança e ela se sente empurrada para dentro dele! O divórcio é uma ameaça para a existência da criança como ela a conhece, um desmoronar de tudo que é estável e garantido na vida. É um terremoto emocional de extrema magnitude e abala os próprios fundamentos da sua segurança.

É natural que seu filho tenha medo e se sinta inseguro. Muitos dos sinais clássicos da ansiedade e do medo podem aparecer: suor, inquietação, insônia, pesadelos, dor no peito, distúrbios gastrointestinais, e dores variadas. Estes sintomas são normais e devem ser aceitos como tais sem acusar a criança de fingimento. Procure dar-lhe segurança e discuta claramente os seus planos.

Este último ponto é muito importante. Todos podemos lidar com o que sabemos muito melhor do que com o que não sabemos ou imaginamos. Se uma criança for mantida no escuro, não sendo informada de todos os fatos sobre um divórcio iminente, ela irá provavelmente pensar nas piores possibilidades. A imaginação aumenta a ansiedade, enquanto os fatos produzem temor. Mas os temores são mais fáceis de tratar do que a ansiedade—e menos prejudiciais. A criança que sabe exatamente o que está acontecendo ficará mais preparada para lidar com os seus medos do que aquela que fica imaginando o pior por falta de informação!

Quando a criança não tem idade suficiente para compreender ou ser informada de todos os fatos, ou se houver razões para reter informação, é especialmente importante fornecer segurança física. Passe algum tempo com a criança. Expresse aberta e freqüentemente o seu amor por ela, pois o amor é o grande antídoto para todo o medo e ansiedade. A Escritura nos diz isto claramente: "No amor não existe medo; antes, o perfeito amor lança fora o medo" (1 Jo 4.18). O que este versículo quer na verdade dizer é que não precisamos ter medo de alguém que nos ama perfeitamente. Penso, porém, que ele ultrapassa isto; quando somos amados perfeitamente, nosso medo de outras coisas também desaparece.

Estágio 2: Abandono e Rejeição

O estágio do medo e da ansiedade em breve dá lugar ao seguinte: sentimentos de abandono e rejeição. Embora lá no fundo possam saber que isto não é verdade, as crianças do divórcio geralmente sentem que estão sendo abandonadas e rejeitadas pelo cônjuge que deixa o lar. "Se meu pai me amasse mesmo, ele não iria nos deixar", disse-me uma garotinha de oito anos perturbada quando resumiu seus sentimentos.

As crianças menores tendem a ter esses sentimentos mais repetidamente do que as mais velhas. Elas nem sempre conseguem distinguir entre a separação dos pais e um dos pais separando-se delas.

Algumas vezes o pai que inicia o divórcio já está envolvido ou em breve se ligará a um segundo cônjuge em potencial. Se houver filhos no segundo relacionamento, os sentimentos de rejeição podem ser ainda maiores, como a seguinte história contada por uma menina de 12 anos ilustra:

Fazia só três semanas que meu pai saíra de casa quando ele me contou que ia casar-se com essa outra mulher. Depois ele me mostrou fotos dos filhos dela—um menino e uma menina um pouco menores que eu. Acho que ele pensou que eu ia ficar feliz com isso—por ser filha única e me sentir muitas vezes solitária. Eu comecei a chorar e a gritar com ele, bem ali no restaurante. Como podia ter feito isso comigo? Ele nunca colocara a minha fotografia na carteira! Não era justo. Estava me deixando por causa deles.

Tais sentimentos de abandono podem ser significativamente reduzidos se o pai que se afasta mantiver bastante contato com a criança durante os primeiros estágios da separação. Esta é geralmente a fase em que há mais conflito entre os pais e quando o contato com o pai que deixa a casa é sempre menor.

Os pais precisam declarar uma trégua neste período por causa dos filhos. Isto significa que um esforço extra deve ser feito para manter contato com todos os membros da família. Você tem de fazer esse esforço porque isso não acontece naturalmente! Telefonemas não fazem efeito! O que a criança precisa para vencer os sentimentos de abandono é da sua presença física, amiga.

Em certa situação em que a mãe deixou a casa, arranjei para que ela fosse tomar café todos os dias com sua filha de 13 anos. O marido colaborou, saindo para trabalhar suficientemente cedo a fim de permitir que mãe e filha ficassem juntas e sozinhas durante pelo menos uma hora antes da escola. A mãe cuidava das roupas da filha, fazia o programa dela para o dia e outros pequenos trabalhos domésticos. Continuamos este arranjo durante três meses e fomos depois reduzindo lentamente as manhãs que elas passavam juntas enquanto outros períodos de contato iam sendo introduzidos. Creio que isto diminuiu grandemente os sentimentos de abandono que a filha poderia ter sentido de outro modo.

Estágio 3: Solidão e Tristeza

Mais cedo ou mais tarde um sentimento de extrema solidão e isolamento se estabelece. As coisas parecem mais calmas e as crianças descobrem que têm muito mais tempo nas mãos do que antes. Isto acontece porque as atividades regulares da família são interrompidas. As refeições não são mais atividades com hora certa ou reuniões em conjunto da família. Até mesmo o conflito que enchia a atmosfera familiar acabou e deixou um vazio. Há menos agitação na casa e a solidão se estabelece.

Algumas crianças ficam surpresas por descobrir pela primeira vez em sua vida que sentem uma grande tristeza. Ela aparece como uma dor de estômago e um aperto no peito. As brincadeiras são esquecidas. Os bichinhos de estimação ignorados. A energia diminui. Comer fica difícil. A maioria das crianças perde o interesse nas tarefas da escola e nos amigos. Elas só querem ficar pelos cantos. A depressão se instalou.

Neste estágio as crianças também começam a passar muito tempo pensando. De fato, pode ser muito bem isto que as leve a entristecer-se. Parte desses pensamentos é faz-de-conta, fantasias de que os pais voltarão a viver juntos e todos os problemas irão embora. Outra parte intensifica a melancolia e precipita crises de choro.

Essas crises não devem ser desencorajadas e os pais devem evitar fazer com que os filhos se sintam envergonhados ou embaraçados com isso. As lágrimas são importantes e representam uma válvula de escape sadia para a tristeza das crianças. O choro serve também uma função fisiológica importante: a de ajudar-nos a vencer a tristeza e a depressão.

É característico da nossa cultura que valorizemos a supressão dos sentimentos penosos, como já discuti no capítulo 1. Maior liberdade para chorar seria provavelmente mais saudável para nós tanto física como psicologicamente. Jesus compreendeu a importância das lágrimas e chegou até a chorar. Lembro-me das palavras dele em Lucas 6.21: "Bem-aventurados os que agora chorais, porque haveis de rir". Ele está dizendo simplesmente isto: O choro prepara o caminho para a alegria futura!

Estágio 4: Frustração e Ira

Logo após a tristeza surgem sentimentos de frustração e ira. Os filhos do divórcio desejam primariamente segurança e felicidade. Eles também querem que as coisas voltem a ser como eram antes do divórcio. Em vista de não poderem realizar o seu desejo, suas necessidades são bloqueadas ou negligenciadas. Quando isto acontece, as crianças experimentam profunda frustração e, conseqüentemente, sentimentos de ira.

A relação entre a ira e a frustração é interessante. A ira como uma resposta à frustração tem como propósito original ajudar-nos a superar o bloqueio de algum alvo ou desejo. A criança apanhada nas garras do divórcio tem muitos desejos e alvos bloqueados, sendo portanto natural que haja ira. O problema é que a ira não ajuda a vencer os obstáculos. Decisões são tomadas fora da esfera de influência da criança e, por mais que ela fique irada, isso não vai mudar as coisas. A ira, portanto, se torna autodestrutiva e é no geral internalizada pela criança que pode às vezes causar dano a si mesma.

Um garoto zangado de 14 anos numa família com quem eu trabalhava, foi à oficina do pai e deve um corte profundo na perna com um facão. "Só queria experimentar para ver se estava mesmo afiado", foi a desculpa dada. Mas a profundidade do corte e a ação deliberada dele indicaram que machucar-se era a única maneira desse menino expressar sua frustração e ira contra o pai. Ele era pequeno demais para castigar o pai e, portanto, castigou a si mesmo.

Desde que a ira constitui um problema de ajuste importante para os filhos do divórcio, vou dedicar um capítulo inteiro à discussão deste tópico. Basta que eu diga neste ponto que os sentimentos de ira devem ser aceitos como um estágio normal no processo de ajuste à situação. Não reaja a esses sentimentos expressando a sua própria ira. Você só irá agravar as coisas e provocar mais ira.

A ira das crianças deve ser aceita naturalmente, com a certeza de que o pai compreende o que elas estão sentindo e não as culpa por isso. Uma frase como esta: "Você não tem o direito de estar zangado!" não serve; os filhos do divórcio têm o direito de estar zangados! O que eles precisam é de ajuda para saber como lidar com a sua ira. "Fale sobre a sua ira" é um convite à franqueza e uma abordagem muito melhor.

O pai que pode aceitar a ira do filho sem defender-se ou justificar-se estará ajudando no processo de cura.

Estágio 5: Rejeição e Ressentimento

A frustração e a ira dão agora lugar à rejeição e ao ressentimento, especialmente em relação aos pais. A criança não superou necessariamente os sentimentos de ira, mas nesta fase a ira passa a ser secundária.

A evidência deste estágio é vista na criança que se retrai e coloca alguma distância emocional entre si e o pai (mãe). Por que faz isso? As razões são duas, ela obtém alguma proteção de novos sofrimentos emocionais e é um meio de castigar o pai (mãe) pelo que aconteceu.

A rejeição pode tomar a forma de amuo, dando aos pais o tratamento silencioso. A criança não atende quando chamada e não responde quando falam com ela. Quando lhe pedem para fazer algo, ela resiste ou convenientemente "esquece". As crianças mais velhas podem tornar-se excessivamente críticas, condenando constantemente os outros, especialmente os irmãos e irmãs. "Esse vestido é horrível", ou "detesto o seu cabelo", são comentários comuns dos meninos para as irmãs e as mães.

As meninas talvez usem uma abordagem diferente, fazendo comparações desfavoráveis para aborrecer os pais. "O pai de Maria sempre a leva para passear nos fins de semana", ou "Sara diz que o pai nunca grita com ela". Tais críticas ajudam as garotas a expressar seu profundo ressentimento.

Todos os seres humanos têm inclinação para um fenômeno conhecido como "formação de reação" e é útil que os pais compreendam isso. Quando odiamos alguém, mas nos sentimos culpados e não podemos expressar essa emoção, mudamos o ódio em amor, que é mais aceitável. Em outras palavras, formamos uma reação a algo que não gostamos em nós mesmos, convertendo-a no exato oposto. O problema é que o amor que substitui o ódio pode ser apenas superficial. Ele tem algo de irreal. Mas, essa é às vezes a única maneira de podermos lidar com o nosso ódio inaceitável.

A formação de reação também funciona no sentido inverso. Quando queremos desesperadamente ser amados, mas tememos a rejeição, invertemos a nossa ânsia de amor e começamos a mostrar ódio.

Essas duas reações são muito comuns nos filhos do divórcio. Odiamos um dos pais, mas não podemos lidar com esse ódio e então fingimos que amamos. Assim também, queremos ser amados durante o período de problemas na família, mas tememos a rejeição e mudamos então nosso amor em ódio.

Isto geralmente acontece quando as crianças passam pelo estágio da rejeição e ressentimento. Elas empurram os pais para longe quando na verdade querem colo, ou dizem coisas odiosas enquanto desejam que os pais sejam amorosos. Essa é a maneira da criança proteger-se de ser rejeitada.

O pai sábio irá entender esse comportamento pelo que realmente é: uma tentativa desesperada de obter amor. Não se deixe enganar pelas reações de ódio.

Uma menina de nove anos cuja mãe abandonara o marido, passou a ter este comportamento de rejeição. Ela entrava no quarto da mãe e começava a atirar-lhe uma avalanche de "odeio você, odeio você". Quando a mãe tentava raciocinar com ela, a garota ia embora. A mãe começou a ficar confusa com os sentimentos da filha. "Se ela me odeia tanto agora, como será quando crescer?"

Reassegurei a mãe e expliquei o que era a "formação de reação". — Ignore as declarações verbais e considere o comportamento como um grito desesperado pelo seu amor e segurança, — disse eu. — Basta tomá-la nos braços e apertá-la. Se lutar e quiser afastar-se, continue abraçando-a suavemente, — foi o meu conselho.

A mãe seguiu a minha sugestão. A criança lutou, gritou e deu chutes, mas a mãe continuou a abraçá-la e segurá-la com firmeza, repetindo as palavras, "Amo você, Gina. Amo você,

Gina". Aos poucos, a ira cedeu e a menina se aninhou nos braços da mãe. Ela permaneceu passiva a princípio, mas depois começou a retribuir o abraço da mãe. Mamãe aprendera uma importante lição: As crianças nem sempre dizem o que estão sentindo e no geral dizem o oposto do que querem dizer.

Estágio 6: A Recuperação da Confiança

O último estágio, no qual a confiança é recuperada, é libertador. Quando chega, é como se uma brisa fresca começasse a soprar num aposento quente e confinado. Quanto tempo leva do início do divórcio até chegar ao estágio final? Isso varia em cada situação.

Muitos fatores estão envolvidos. O tempo de recuperação depende da natureza do conflito conjugal, da idade e personalidade da criança, de como cada pai lidou com os problemas subseqüentes, e de como os pais se relacionavam: havia entre eles uma relação saudável? A recuperação pode levar alguns meses ou alguns anos — algumas vezes leva muitos anos.

O que o pai pode fazer para assegurar que os sentimentos do filho voltem ao normal com a maior brevidade possível? Estas são algumas regras simples que devem acelerar consideravelmente o processo:

Tente não se preocupar com os seus próprios sentimentos.

Durante o difícil período da separação e do divórcio é fácil ficar insensível aos sentimentos dos filhos. Tome tempo para cuidar dos sentimentos deles. Separe uma parte do dia ou do começo da noite em que possa dar atenção ao que eles querem dizer-lhe. Isto ajudará você a manter os seus próprios sentimentos na perspectiva certa e dará a seus filhos a oportunidade de compreender os deles.

Dê Tempo Para a Cura

O divórcio não é um período adequado para ser impulsivo ou esperar remédios instantâneos. Seu filho precisa de tempo para passar por esse processo importante e você tem de ser paciente. Peça a Deus para aumentar a sua paciência e compreensão do que deve acontecer antes de esperar a cura completa. Se isto for um problema para você, procure a ajuda de um conselheiro pastoral ou outro profissional da área.

Mantenha um Ambiente Estável no Lar

Sempre que possível, mantenha seus filhos na mesma casa em que moravam, deixando que continuem fazendo o que sempre fizeram, indo à mesma escola e brincando com os mesmos amigos. Quanto menos mudar as coisas melhor. Eles já têm bastante ajustes a fazer na situação! As mudanças podem ser feitas num estágio posterior quando tudo o mais estiver estabilizado.

Não se Ponha na Defensiva

Em vista de estar naturalmente sentindo-se culpado sobre o divórcio, você sentirá grande necessidade de defender-se. Esta defesa leva invariavelmente a novos conflitos. Em especial, evite atacar a atitude do seu ex-cônjuge. Fazer isso cria tensão para seus filhos, que têm de manter a paz com os dois pais e não devem ser forçados a tomar partido. Confie no senso de justiça de seu filho. Ele sabe melhor do que você quem tem a culpa e quanta culpa deve ser atribuída a cada pai. Em vista de você ser a parte magoada, é difícil ser justo em seus julgamentos. Deixe isso para Deus que sabe todas as coisas.

6

O que as crianças aprendem com o divórcio

O divórcio é pelo menos uma grande experiência de aprendizado para a criança. É uma escola brutal com muitos golpes pesados.

Ele não é também uma experiência de aprendizado única, limitada, curta. É um problema contínuo com o qual as crianças devem lutar, muitas vezes durante anos. Este evento pode ter conseqüências de longo alcance no desenvolvimento subseqüente da personalidade, atitudes, comportamentos e habilidades da criança. A maneira como ela se ajusta à vida nos anos posteriores será grandemente influenciada pelo que ela aprende com o divórcio.

A maioria dos especialistas concorda que leva entre três a quatro anos para que a criança volte ao normal. Para uma criança de oito anos isto representa cerca de um terço da sua vida!

Durante todo este período o comportamento, sentimentos e atitudes do pai divorciado serão plenamente testados e expostos. A verdadeira natureza dele (dela) ficará à mostra diante de todos, tanto os de dentro como os de fora da família. O divórcio levanta a sua bandeira, em suas verdadeiras cores, ao topo do mastro.

Esta prova não seria tão séria se o comportamento do pai não afetasse a outros. Infelizmente, porém, o divórcio não é uma experiência de vida "sem vítimas". Os pais não podem afirmar que são os únicos afetados por ele, porque não são.

Desde que o "modelo" é um dos meios principais em que as crianças aprendem o comportamento, sentimentos e atitudes certos, o modelo que os pais mostram antes, durante e depois do divórcio pode causar um forte impacto no que os filhos aprendem.

Mas, o que é modelar? É o processo pelo qual a pessoa aprende, imitando ou copiando o comportamento de outra. É um processo deveras importante na formação da personalidade da criança.

A imitação explica a razão do nosso comportamento tantas vezes se assemelhar de perto ao de nossos pais. Jamais esquecerei o dia, quando adolescente, em que olhei no espelho e vi a expressão de meu pai em meu rosto. Entrei em pânico! Era bem estranho ver a semelhança, não apenas na aparência mas também no comportamento. Sem perceber, copiamos os que estão próximos de nós desde a infância — a maneira como eles falam, andam, agem, respondem e mostram suas emoções, tudo isso nos afeta. Por sorte, parte do que aprendemos por meio dos modelos é bom. Mas, outras coisas têm valor duvidoso.

Quer gostemos ou não da idéia, o comportamento e os sentimentos surgidos durante o divórcio de uma família fornecem bastante material para o aprendizado dos filhos. Para ilustrar isto vou contar a história de uma mulher que veio procurar-me para fazer terapia. Não pense que a história dela é incomum; é mais comum do que imagina.

Maria é mãe de um garoto bonito de sete anos. Para os de fora ela parecia ter um casamento feliz com um jovem executivo que lhe dava todo conforto. Na aparência, esta família parecia feliz e satisfeita. Mas isto só mostra como as aparências podem ser enganosas. Por baixo da superfície, a vida era um inferno para Maria.

Quando me consultou pela primeira vez, ela teve grande dificuldade para admitir qual era o seu problema. Durante várias sessões ficou fazendo rodeios. Finalmente confessou. Ela batia no filho pelas razões mais triviais. Não era uma mãe completamente abusiva; mas sua necessidade de espancar excedia de muito o que seria considerado castigo razoável para qualquer malfeito.

— Sou uma espancadora de crianças? — ela me perguntava repetidamente.

Tinha também a tendência de agredir o marido fisicamente sempre que ele a irritava. — Eu tenho de sair de casa quando Maria fica com raiva, — ele me contou mais tarde, — porque uma vez que começa a me agredir não consegue mais parar.

Onde e quando Maria aprendeu a usar meios físicos para resolver conflitos? Enquanto explorava o passado dela a razão tornou-se óbvia — era assim que a mãe de Maria se comportava em seu casamento infeliz com um alcoólatra. Desde a infância, a mãe sempre utilizara a agressão física para com Maria. Como poderia não ter aprendido a agir desse modo?

Chegando sempre tarde da noite e embriagado, o pai de Maria frustrava de tal forma a mãe que ela o agredia fisicamente. Depois as coisas ainda pioraram: — Venha e bata no seu pai, — ela dizia à filha. — Ele é um homem terrível, veja o que está fazendo contra nós.

A princípio Maria se recusava e saía correndo do quarto. Mas um dia o pai revidou e espancou a mãe. Isto foi demais para Maria, ela ficou furiosa e começou a bater com os punhos no peito do pai, imitando a mãe e gritando: — Não bata assim na minha mãe!

Aos poucos, durante aqueles primeiros anos, Maria aprendeu a lidar com a frustração atacando fisicamente o objeto dessa frustração. Este comportamento estava agora surgindo em seu casamento, o qual, naturalmente, não tinha qualquer semelhança com o dos pais dela. Seu marido não era alcoólatra. Era um homem bondoso e gentil. Mas, como acontece em todo casamento, havia períodos de conflito. Maria só aprendera um modo de resolver conflitos: a agressão física.

Ela era vítima da imitação não-intencional. A longa estrada terapêutica à sua frente foi usada para controlar Maria e ensiná-la a resolver as frustrações de maneira mais sadia. A violência física não é um meio saudável de expressar ira em qualquer circunstância; mas, infelizmente, o divórcio pode algumas vezes ensinar somente esta solução.

Comportamentos Que o Divórcio Ensina a Seus Filhos

Em vista do conflito e do divórcio serem amigos do peito, os comportamentos que irão ser provavelmente ensinados a seus filhos durante o divórcio serão sempre variações do tema da ira e da hostilidade. O divórcio nunca ensina às crianças como serem mais amorosas ou bondosas! Ele só tem duas matérias no seu currículo: ódio e hostilidade.

Tudo isto é para dizer que nas raras instâncias onde o rompimento conjugal envolve pouco conflito aberto, a atmosfera é geralmente mais sadia. Isto só se aplica se os meios passivos e indiretos de mostrar a ira não estiverem sendo usados para encobrir uma hostilidade mais profunda. O fato de haver muito silêncio entre marido e mulher não significa que não existe conflito. Só porque o casal mantém distância um do outro não significa que vivam na Utopia. Comportamentos ocultos, tais como distância, amuo e silêncio são também meios doentios de lidar com o conflito. Devo dizer, no entanto, que se eu tivesse de escolher entre os dois males da guerra aberta versos guerra fria, preferiria que os pais usassem o método da guerra fria. Ele é um pouco menos prejudicial para os filhos. Não muito, mas o suficiente para fazer diferença.

Que comportamentos o seu filho irá aprender do divórcio? Permita-me mencionar alguns para ajudar você como pai a não modelar um comportamento negativo:

Ódio

"Odiar alguém exige muito mais esforço do que amar." Estas palavras foram ditas por uma garota de 13 anos, vítima de um divórcio recente. Ela estava descrevendo seus sentimentos para com os pais.

Os pais divorciados no geral dão aos filhos lições muito eficazes na arte de odiar, que esgotam as energias de qualquer um. Eles demonstram abertamente seu ódio mútuo sempre que possível. Sem se importar com o que dizem ou fazem, eles ensinam aos filhos não só a odiar, mas também o fato de que o ódio paga dividendos. Odiar castiga as pessoas. O ódio é uma arma mais destruidora do que a espada mais cortante ou o tiro mais poderoso. Ele deixa cicatrizes permanentes. Quando você aprende a usar o ódio, não precisa de qualquer outra arma. Ele pode causar todos os danos que você quiser em qualquer pessoa.

Desconfiança

Os filhos do divórcio aprendem que não se pode confiar em ninguém, especialmente nos que dizem amá-lo mais. Simão tem 12 anos. Ouça a explicação dele: "Vemos nosso pai a cada duas semanas. Quando ele vem nos buscar, meu irmão menor e eu, a primeira coisa que nos diz é: 'Não contem à sua mãe sobre o meu novo apartamento e outras coisas. Isso só vai perturbá-la'. No momento em que chegamos em casa à noite, mamãe nos faz um montão de perguntas sobre onde fomos e o que aconteceu, sobre o apartamento de papai, quem estava lá e o que disseram. Tento não contar nada, mas no fim ela me obriga a isso. Eu digo então: 'Por favor, mamãe, não conte a papai o que eu falei!' Cinco minutos depois eu a ouço gritando com meu pai no telefone por causa do que eu disse. Sei que meu pai vai ficar zangado comigo da próxima vez em que nos encontrarmos. Ele não vai confiar em mim, mas a culpa não é minha".

Mais tarde na vida, Simão pode generalizar a desconfiança de seus pais para muitas outras pessoas. Ele terá sempre medo de ser sincero e franco por temer que a sua sinceridade resulte em castigo.

Espionagem

Todo filho de pais divorciados que conheci odeia um aspecto do que os pais querem que eles façam mais que qualquer outro — serem obrigados a servir de espiões.

Uma tarefa difícil para os filhos do divórcio é aprender a permanecer "amigos" dos dois pais. Não é fácil quando cada pai está tentando fazer com que os filhos fiquem do seu lado. Estes acabam sempre como agentes duplos relutantes. E como acontece em toda história de espiões que já li, os agentes duplos sempre acabam levando a pior!

Antes do divórcio dos pais, uma garota de 14 anos foi recrutada pela mãe para verificar regularmente o carro do pai a fim de descobrir evidências de "outra mulher". "Procure atrás dos bancos, no compartimento de luvas e no porta-malas" foram as instruções. Como tantos outros em sua posição, essa menina começou a odiar e a desprezar a si mesma por ser tão furtiva, especialmente porque os pais afirmavam ser cristãos e falavam de amor e confiança com os vizinhos, mas nunca praticavam isso eles mesmos. Esta jovenzinha terá sorte se não vier a se tornar furtiva e hipócrita.

Mentiras

— Se quiser sobreviver tem de aprender a mentir, — explicou-me um adolescente ao descrever a maneira como vivia entre duas casas e dois pares de pais. Senti como ele estivesse me educando!

— Eles mentem para mim todo o tempo, — continuou. — Costumavam mentir sobre onde iam e o que estavam fazendo antes do divórcio. Eu sabia que meu pai estava tendo um caso e minha mãe também. Quando falei com eles a respeito, ficaram zangados e disseram que eu não entendia dessas coisas e que um dia quando crescesse tudo ficaria muito claro. Agora, quando vou a algum lugar para divertir-me e eles me perguntam onde estive, minto como eles! — Você tem uma idéia de como é difícil convencer um adolescente desses que a mentira não compensa?

Esses são apenas alguns dos comportamentos que o divórcio ensina se vocês não tiverem cuidado de observar o seu próprio comportamento, como pais. Todas são lições negativas e destrutivas. Estou certo de que alguns leitores estão perguntando a esta altura: "A criança não pode aprender nenhuma lição positiva do divórcio?"

É claro que sim, mas antes de listá-las permita-me dizer que é preciso muito mais esforço e planejamento deliberado por parte dos pais para ensiná-las. Os comportamentos negativos são como as ervas daninhas: crescem sem que ninguém as cultive e florescem quando negligenciadas. Quando criança, tentei certa vez cultivar ervas daninhas. Separei um pedaço de terra em nosso jardim e tomei posse dele. Transplantei na mesma hora uma porção de mudas de mato, sem saber a diferença que havia entre elas e as flores. Reguei as plantinhas todos os dias e todas morreram! O mato, como o comportamento negativo, não gosta de atenção. As flores bonitas, como o bom comportamento, são o oposto e vicejam quando cuidadas! Cuidar delas irá ajudá-las a crescer.

Em vista da natureza pecaminosa e egoísta da existência humana, as pessoas aprendem as lições negativas e destrutivas da vida sem qualquer esforço. Os aspectos positivos e sadios exigem um pouco mais de determinação se tiverem de ser aprendidos.

Estas são algumas coisas boas a serem aprendidas do divórcio se forem cuidadosamente cultivadas por pais amorosos (mesmo que estejam se divorciando).

Amor e Bondade em Resposta ao Ódio

Não há realmente razão para os pais que estejam se divorciando se envolverem em comportamentos hostis como fazem tipicamente. O divórcio na verdade cria mais inimigos do que qualquer outro relacionamento e é um fim terrivelmente infeliz para uma união destinada a ser um pedacinho do céu. Mas, geralmente um dos parceiros não quer que o casamento termine. Se ambos concordarem com o divórcio, então há quase sempre uma razão para um deles sentir-se rejeitado pela infidelidade ou traição.

Mas, qualquer seja o motivo, isto deve causar uma guerra amarga e aberta? Por que é tão difícil pôr de lado a antipatia provocada pelo divórcio, pelo menos por causa do filho? Esta é na verdade uma pergunta apenas retórica. Não sou ingênuo e sei que pedir uma trégua é praticamente impossível nos primeiros estágios do divórcio, mas ainda assim acho que devemos nos esforçar para obtê-la.

Quando os pais deixam de lado suas queixas pessoais por causa dos filhos, todos os anjos do céu devem certamente cantar "Aleluia". Se isto não chamar alguma atenção no céu, o que chamará?

Por favor note, porém, que não estou falando aqui de amor como um sentimento mas como um comportamento. Se temos de amar nossos inimigos, então isso certamente inclui também um ex-cônjuge. A descrição do amor dada em 1 Coríntios 13 não tem nada a ver com sentimentos. É uma receita sobre como devemos nos comportar, mesmo com aqueles que "se aproveitam de nós".

O Perdão e a Restauração por Causa do Ressentimento

Embora o ódio e o ressentimento possam ser inatos aos seres

humanos, o perdão não é. *É algo que aprendemos*. Entendeu isso?

A criança que não é ensinada a perdoar cresce sem conhecer o perdão. No divórcio, as ações falam mais alto do que as palavras. Cada movimento, atitude e reação dos pais será observada de perto pelos filhos. Por esta razão, é importante que os pais divorciados ou que estejam se divorciando façam o possível, até o ponto de procurar ajuda profissional externa, para curar o seu ressentimento e praticar repetidamente o perdão.

A Paciência e a Perseverança em Face de Desejos Impulsivos

O divórcio é uma época em que decisões são tomadas impulsivamente e a tolerância com a frustração atinge o seu nível mais baixo. A pessoa já está usando o seu tanque de reserva e, portanto, onde vai encontrar reservas-extra para ter paciência? Só conheço um lugar—junto ao coração de Deus.

É preciso esforço para vencer as terríveis inseguranças provocadas pelo divórcio. A maior tendência é abandonar a esperança. É muito mais fácil jogar a toalha no ringue e desistir.

Em momentos como esses é que temos de pegar na mão de Deus para fortalecer a nossa frágil mão. Os pais podem ensinar uma lição poderosa sobre como confiar em Deus para dar paciência e perseverança. Os filhos jamais esquecerão essa lição.

Aumentando a Resistência de Seu Filho

Num capítulo anterior salientei que os filhos diferem na sua capacidade de recuperar-se de uma experiência traumática. Os psicólogos se referem a isto como "resistência". Os indivíduos bem-sucedidos mais tarde na vida invariavelmente aprenderam como ser resistentes na infância.

Como você, como pai (mãe) divorciado pode aumentar a resistência de seu filho? É evidente que tudo que puder fazer para aumentar a capacidade de recuperação de seu filho durante essa fase difícil renderá benefícios mais tarde. A resistência aprendida agora irá afetar outras áreas da vida.

Não Tenha Medo de ser Franco com seu Filho

Uma criança pode enfrentar muito melhor o medo que tem origem na verdade do que o que é alimentado pela imaginação.

Isto está de acordo com a nossa natureza. Qualquer ameaça ao nosso bem-estar cria uma reação em nossos corpos que nos prepara para lidar com ela como uma emergência. No caso do medo baseado na realidade, há um limite para a ameaça. Em contraste, os temores criados pela imaginação não conhecem limites. Eles alimentam a ansiedade e a preocupação e no geral transformam pequenos problemas em grandes. A ansiedade e a preocupação são muito mais danosas para a nossa saúde mental e física do que os temores reais.

Muitos dos chamados distúrbios psicossomáticos têm origem na ansiedade e preocupação e não em temores reais. Essas condições estranhas raramente surgem quando enfrentamos um problema real.

Há muitas razões para os pais temerem ser francos com os filhos. Uma delas é que eles mesmos temem a verdade. Outra é que temem a reação dos filhos, esperando o pior. Mas, o verdadeiro problema com o fingimento é que provavelmente haverá um dia de acerto de contas. Os pais só podem adiar a verdade, mas nunca mudá-la! Os filhos vão descobrir a verdade mais cedo ou mais tarde e ficarão então provavelmente mais arrasados pela falta de verdade implícita mostrada pelos pais do que pelo sofrimento do qual estes quiseram protegê-los.

É claro que ser franco não significa ser insensível. A hora oportuna é também importante. Um pai não deve apenas lançar toda a verdade sobre a criança de uma vez. Tente guiar-se pelo princípio de que seu filho não deve experimentar quaisquer surpresas desagradáveis ou revelações súbitas. Responda com franqueza às perguntas que lhe forem feitas e não fuja da verdade a não ser que tenha muito bons motivos para isso.

Comunique Confiança a seu Filho

As crianças querem que se confie nelas. Elas querem responsabilidade e quase sempre respondem com surpreendente maturidade quando são respeitadas. As crianças querem sentir que os pais acreditam nelas.

Estou ainda para encontrar uma criança que não corresponda à confiança. Muitas vezes a mais recalcitrante e desobediente delas pode mudar se for convencida de que é digna de confiança. Sei que há um risco nisto, mas diversas clínicas terapêuticas que tratam delinqüentes juvenis têm tido sucesso em seus tratamentos por usarem este princípio. Não tema então mostrar confiança e dar responsabilidade. Permita que seu filho tome decisões importantes ou aceite mais deveres. Ele irá sentir-se feliz com isto.

Dê Bastante Explicações mas não Desculpas Defensivas

Em vista dos pais geralmente se sentirem culpados pelo que fizeram aos filhos, eles tendem a tornar-se extremamente defensivos e tentar justificar seus atos. Isto não ajuda. O que eles precisam é de explicações racionais, não-defensivas e claras. — Apenas me conte os fatos, mamãe, — disse um garoto de 12 anos à mãe, — eu decido se papai está ou não errado. — E ele tinha razão! A mãe estava preocupada demais justificando-se e o filho percebeu e expôs o estratagema. Garoto esperto!

Por que as explicações são melhores do que as desculpas defensivas? As defesas são excessivamente cheias de carga emocional. Os fatos são distorcidos e criam portanto mais confusão na mente infantil. As explicações devem apresentar apenas os fatos, devendo ficar tão livres de preconceitos emocionais quanto possível. As explicações objetivas encorajarão a criança a sair do seu canto e enfrentar valentemente a realidade.

Dê Tempo ao Processamento

O cérebro humano leva tempo para processar as coisas e só pode lidar com um problema de cada vez. Quando as crianças são confrontadas com uma mudança importante na sua vida como resultado do divórcio, elas precisam de tempo para processar as mudanças. Quanto maior a mudança, tanto mais tempo precisam para processá-la.

Os pais muitas vezes cometem o erro de desejar que os filhos "superem" o divórcio depressa demais. Muitos esquecem que enquanto eles mesmos tiveram bastante tempo para o seu processamento antes de anunciar o divórcio, os filhos não tiveram o mesmo espaço de tempo para ajustar-se. Não permitir tempo para o processamento irá provavelmente levar à impaciência e maior tensão e com certeza perturbará o relacionamento entre pais e filhos. Quando as crianças têm tempo suficiente para processar a mudança da sua situação elas se recuperam com muito maior rapidez.

Permita a Liberdade de Escolha

Um dos subprodutos infelizes do divórcio é que as crianças perdem a sua liberdade de escolha. Elas não podem decidir sobre os acontecimentos, são outros que fazem isso. Para as crianças pequenas isto não é tão sério quanto para as mais velhas e os adolescentes, que se sentem abusados por não poderem opinar sobre as decisões feitas a respeito deles.

Embora a criança não tenha a liberdade de escolher o divórcio, há muitas outras áreas onde a responsabilidade de tomar decisões e controlar até certo ponto a sua vida pode ser-lhe concedida.

Por exemplo, com quem vão morar depois do divórcio? Quais os direitos de visita permitidos? A família vai mudar-se para outra casa? Quem fica com o cachorro? Irão mudar de escola? Os filhos devem ter a oportunidade de escolher. Os adolescentes, em especial, devem ter permissão para influenciar essas importantes decisões e ser sempre consultados *antes* das escolhas finais serem feitas. Se participarem do processo de tomada de decisões, não só irão sentir-se melhor sobre elas, como também colaborarão mais, qualquer que seja o resultado.

Providencie a Segurança da Criança

A resistência da criança é maior quando ela pode voltar a um ambiente estável e seguro. Meus netos ganharam recentemente um trampolim. É fácil pular bem alto quando você sabe que vai aterrissar com segurança sobre a prancha. O problema começa quando erra e cai por um dos lados!

É por isto que recomendo que os pais só mudem o mínimo absolutamente necessário o ambiente, casa, escola e vizinhança da criança durante e imediatamente após o divórcio. Quanto mais o mundo da criança é mudado, tanto maiores serão os ajustes exigidos e quanto maiores estes ajustes, tanto mais provável que a criança não tenha sucesso em fazê-los.

Lidando com a Falta de Resistência

Quando a criança não consegue ajustar-se às mudanças exigidas dela, vários sinais de alarme podem ser reconhecidos. Estes serão o foco dos capítulos seguintes. Neste ponto, quero dizer apenas que se não estiver satisfeito com a maneira como seu filho está se ajustando, procure ajuda. Primeiro, consiga o máximo de informação que puder. Peça ao professor de seu filho um relatório de como ele está indo na escola e pergunte aos outros irmãos como acham que o irmão ou irmã está lidando com o estresse da mudança. O seu ministro ou médico da família pode recomendar-lhe um especialista que oriente você enquanto ajuda seu filho. Siga o princípio de que quanto mais cedo cortar a raiz do problema, tanto menos provável que se torne um problema permanente.

Qualquer que seja o problema específico que tenha de tratar, lembre-se de que o filho do divórcio tem geralmente três perguntas em sua mente:

- Quando meu pai (ou mãe) vai voltar para casa?
- Quando meus pais voltarão a viver juntos?
- Eles vão divorciar-se de novo?

Respostas satisfatórias nem sempre podem ser dadas a essas interrogações constrangedoras. Para muitas crianças não há outra saída senão continuar aceitando o que aconteceu e aprendendo a viver com as novas circunstâncias da sua vida.

Este ano haverá mais de um milhão de crianças fazendo essas perguntas e descobrindo que o divórcio não é um pesadelo que desaparece ao acordar. Na noite passada tive um pesadelo com um de meus netos. O alívio que senti quando acordei e percebi que tudo não passara de um sonho foi enorme. Imagine as crianças que ficam esperando para acordar!

A fim de garantir que os processos de crescimento biológico, social e emocional da criança continuem de maneira normal e sadia, é importante que os pais fiquem alertas para os sinais de problemas e tenham a coragem de tomar providências corretivas antes que os danos sejam maiores. Este será o meu enfoque enquanto continuamos a examinar os efeitos do divórcio sobre os filhos.

7
A ansiedade e o filho do divórcio

Já era tarde da noite quando recebi um telefonema urgente de uma ex-paciente a quem tratara durante quatro meses devido a um problema no seu casamento. Imaginei, portanto, que ela estivesse telefonando para pedir ajuda com algum novo problema conjugal. A dificuldade dela não era conflito ou brigas, mas indiferença; o marido perdera o interesse nela há algum tempo e a esposa fora obrigada a construir uma vida independente para si mesma.

O chamado, porém, não era diretamente por causa do marido. — Minha filha está num estado terrível, — explicou a moça no telefone. — Não sei o que está acontecendo. Ela precisa de ajuda.

Ela continuou, contando o que vinha acontecendo recentemente em sua vida. Tomara a decisão de separar-se do marido, mas esperara até a semana anterior para contar suas intenções às duas filhas. Uma estava fora, na faculdade, mas a outra, continuava em casa, no último ano do colegial, e era esta o motivo do telefonema. Dois dias antes, enquanto preparava um trabalho para a escola, a filha mais nova começara a suar profusamente. Ela se queixou de dores no peito e de dificuldade para respirar. O mais terrível de tudo é que começara a ter fortes pressentimentos de uma catástrofe iminente. Começou a ficar com medo e a chorar histericamente, a ponto da mãe ter de levá-la às pressas para o pronto-socorro.

Depois de uma bateria de exames, o médico deu o diagnóstico: "Não há nada de fisicamente errado com sua filha. Ela está passando por uma crise severa de ansiedade e excesso de oxigenação". Em outras palavras, a ansiedade da filha estava fora de controle e ela precisava de um psicólogo ou psiquiatra. Daí o chamado da mãe.

Concordei em ver a garota na manhã seguinte. Ela continuava em pânico e não conseguiu contar claramente o motivo da sua ansiedade. Isto não é incomum. Os que sofrem ataques de pânico nem sempre podem definir a causa da ansiedade.

Só depois de muita insistência ela admitiu que a intenção da mãe separar-se do pai estava provocando alguma apreensão. A verdade é que a menina ficara mortalmente abalada com a notícia e tentava negar a importância da mesma. O problema é que o corpo pode reconhecer uma mentira!

Reações severas de ansiedade antes, durante ou depois da anulação de um casamento são muito comuns entre os filhos do divórcio. As reações podem variar de brandas a dramáticas. Acho que é seguro admitir que todo divórcio provoca alguma ansiedade nos filhos, embora alguns não mostrem isso tão abertamente.

Para alguns, a ansiedade provoca uma regressão a um padrão anterior de comportamento infantil. Molhar a cama, depois da criança já ter perdido esse hábito, é um exemplo dessa regressão. Para outros, a ansiedade pode ser o começo de um hábito tal como roer as unhas ou tiques nervosos. Muitos adultos que róem as unhas podem traçar a origem do problema a um episódio de ansiedade na infância.

O Que É Ansiedade?

Todos somos capazes de experimentar ansiedade. O sistema que causa a ansiedade é normal e está embutido no cérebro fantástico que Deus nos deu.

Mas o que faz funcionar o sistema da ansiedade? O gatilho faz parte do mecanismo de reação ao medo, que existe também em nosso sistema de defesa. Se não tivéssemos medo, não viveríamos além dos primeiros anos de vida. Seríamos destruidos pela nossa negligência e falta de percepção do perigo. O medo do fogo, por exemplo, impede que nos queimemos.

A ansiedade é, em essência, uma forma distorcida de medo. Mas nem todos reconhecem ou podem rotular exatamente a forma de medo que chamamos ansiedade. Alguns só experimentam o medo em sua forma mais branda, mesmo quando confrontados com uma grande catástrofe, enquanto outros sentem medo intenso, mesmo sob ameaças brandas. Veja, por exemplo, a maneira como algumas pessoas reagem quando têm de fazer um discurso. Não há verdadeiro perigo. Os ouvintes não vão maltratá-la. Todavia, algumas vezes reagimos com grande ansiedade como se as nossas vidas estivessem ameaçadas.

A ansiedade é então um termo geral para um sentimento impreciso de mal-estar ou medo. É mais do que preocupação e pode ser acompanhada por vários sintomas físicos.

Sentimentos ocasionais de ansiedade não têm efeitos prejudiciais a longo prazo. Ir ao dentista não deixa cicatrizes por toda a vida! Mas quando a ansiedade persiste por um longo período ou quando é muito intensa, ela pode provocar várias doenças crônicas. A criança não é bem equipada para lidar com a insegurança, ameaças de abandono, privação financeira e emocional, e perda de uma pessoa importante, tal como um dos pais. Todavia, é isso que toda criança experimenta no divórcio. Desta experiência surge a ansiedade em diversos graus de intensidade; a qual, se não for tratada, pode levar a criança à neurose.

Como evitar os efeitos danosos da ansiedade? Reconhecendo os seus sinais iniciais e tomando algumas providências básicas para aliviá-la.

De Que Forma o Divórcio Produz Ansiedade

Há muitas maneiras do divórcio gerar ansiedade, assim como medo, nas crianças. Vou discutir algumas para que você possa ter uma idéia de onde está o perigo para o seu filho:

Sentimentos de Abandono

Mencionei antes que a primeira reação de toda criança ao saber de um divórcio iminente é a ansiedade. A criança muito pequena, que não pode ainda compreender as sutilezas dos relacionamentos adultos, sente que o pai que está deixando o lar a abandonou. Há muita evidência para mostrar que abandono é exatamente o que acontece. Apesar das melhores intenções do mundo, o pai (mãe) que vai embora irá ser provavelmente um pai ausente. Quarenta por cento das crianças nas casas dirigidas por uma mulher não viram seus pais pelo menos durante um ano! Uma espécie de amnésia paternal impera.

O pai ausente cria uma necessidade exagerada desse pai e a ansiedade aumenta quando essa necessidade não é satisfeita.

O cônjuge que fica com a custódia, geralmente a mãe, nem sempre compreende a necessidade do pai ausente. — Como ela pode ficar chorando por causa do pai? — perguntou-me uma mãe aflita certa vez. — Ela sempre o ignorou antes e agora, repentinamente, ele é tudo para ela. — Essas inversões de afeto podem fazer com que o pai presente se sinta rejeitado ou depreciado pela criança.

Embora isto seja bastante penoso para o pai, o problema mais grave é que a criança pode acreditar realmente que *foi* abandonada. Muitas choram histericamente: "Por que o papai me deixou?" Algumas vezes este sentimento leva a criança a acreditar que ela é a causa da partida do pai. Tais sentimentos de culpa aceleram o nível geral de ansiedade.

Perda de um Ambiente Estável

Ligado de perto com os sentimentos de abandono como gerador de ansiedade está o trauma de perder um ambiente estável. As crianças precisam de uma base familiar firme, imutável e amorosa caso devam ficar livres da ansiedade. A ansiedade neurótica, essa forma de ansiedade irracional e infundada, tem mais probabilidade de desenvolver-se nas pessoas que não vivem num ambiente familiar estável. O divórcio, de todas as experiências da vida, tem o maior potencial de desequilibrar este ambiente.

A Ansiedade da Separação

Alguns psicólogos vêem o divórcio como uma grande ameaça para a criança porque gera a "ansiedade da separação", uma forma distinta de ansiedade encontrada nos filhos do divórcio.

Quando a criança é simultaneamente exposta e afastada de um dos pais, a sua capacidade de reagir a uma separação posterior de outras pessoas importantes para ela pode ficar permanentemente prejudicada. Quando adulta, essa pessoa acha intolerável a separação de um ente querido, mesmo temporariamente.

Constrangimento e Sensação de Vergonha

Apesar do divórcio ter-se tornado um fato comum e as crianças saberem que não são as únicas a experimentá-lo, o sentimento de ser estigmatizada e constrangida continua sendo um gerador poderoso de ansiedade. Quando meus pais se separaram, o divórcio estava apenas começando a ser socialmente aceitável. Embora meus amigos fossem compreensivos e eu soubesse que alguns eram também produtos de lares destruidos, mesmo assim sentia intenso constrangimento e vergonha.

Nas reuniões da escola me pediam constantemente para explicar a ausência de meu pai. As pessoas me perguntavam, talvez durante uma peça de teatro ou num evento esportivo: — Por que a sua mãe está aqui e o seu pai não? — Professores insensíveis, colegas maliciosos e estranhos que desconheciam o fato, se tornaram meus inimigos. Eu ficava constantemente em guarda contra essas perguntas embaraçosas.

Decidi finalmente que era melhor que minha mãe não fosse aos eventos. Desse jeito a ausência de meu pai seria menos gritante.

Quando tive a minha primeira namorada, não estava preparado para a reação dos pais dela ao descobrirem que meus pais eram divorciados. Eu mal fizera 14 anos quando fiquei apaixonado por uma colega. Foi a minha primeira experiência de "amor". Ela era o meu ideal! Era também o ídolo da classe. Se pudesse tornar-me o namorado "especial" dela, esse seria mais um louro em minha cabeça.

Naquela primeira visita à casa da garota tentei apresentar o meu melhor comportamento. Comecei a fantasiar sobre o nosso futuro. Não seria perfeito se nos casássemos um dia? De repente pus os pés no chão! O que ela vai pensar quando souber que meus pais são divorciados? Ela sabia pouco sobre a minha família. Eu, por minha vez, sabia que os pais dela eram felizes. O que eles achariam de mim quando descobrissem? Evitei então cuidadosamente qualquer referência à minha família.

Fui para casa e me senti deprimido. Por causa dos meus temores exagerados sobre a reação dela, preferi afastar-me do que arriscar a rejeição. Muitos anos se passariam antes que eu me permitisse novamente arriscar a intimidade de um relacionamento com uma namorada. A vergonha mostrou ser um obstáculo significativo para a minha felicidade futura.

Essa reação fica limitada a uma época anterior? Eventos recentes me convenceram de que esta reação é tão comum hoje quanto o era então. Muitos meninos sentem esse tipo de vergonha, especialmente quando crescem num ambiente cristão. Certo jovem meu conhecido quase cancelou seu casamento recentemente quando seus pais decidiram divorciar-se. A razão? Os pais da noiva disseram que "os filhos de pais divorciados se separam mais facilmente do que os outros". Tentei explicar que tal idéia não só era inverídica como também não se aplicava a ele porque não era mais criança quando os pais tomaram essa decisão.

Nos círculos cristãos continua havendo um estigma ligado ao divórcio que pode provocar vergonha e, portanto, ansiedade nas crianças.

Medo do Desconhecido

O maior gerador de ansiedade talvez seja o medo do desconhecido. A criança bem pequena não percebe o que está acontecendo. As mais velhas, por sua vez, já começaram a desenvolver os recursos necessários para enfrentar as situações. Mas entre essas duas idades há crianças que não sabem o que esperar nem possuem os recursos para lidar com a incerteza. Para elas, a ansiedade pode ser um fator danoso.

O divórcio abre a porta para um grande desconhecido. Ele é ameaçador e perigoso, e a criança é convidada (ou seja, é forçada), a mergulhar em suas profundezas. O que vai acontecer comigo? Vamos ser pobres? Papai vai nos dar outra mãe? Quem será ela? As madrastas das histórias de fadas são sempre más! Mamãe vai nos dar um novo pai? Ele será malvado? Vamos ter de mudar? Para onde iremos? Qual será a minha escola? Essas são as perguntas que inundam a mente da criança pequena e criam sentimentos intensos de ansiedade.

Como a Ansiedade Surge na Infância

Como um pai sabe quando o filho está reagindo com um nível de ansiedade exageradamente alto? Há várias pistas importantes, mas antes de discuti-las quero enfatizar que certo grau de ansiedade (provavelmente misturada com medo) é normal e necessário para o desenvolvimento sadio de seu filho. Não se preocupe então com as reações ansiosas brandas. A ansiedade excessiva, porém, deve receber a atenção pronta dos pais. Caso contrário, ela permanecerá um problema durante longo tempo. Vou ilustrar.

Jaime, de sete anos e filho único, teve uma reação grave de ansiedade quando seus pais decidiram divorciar-se. A sua ansiedade se manifestou quase imediatamente de várias maneiras, mas seus pais estavam preocupados demais com seus próprios problemas para dar-lhe a atenção que precisava. A mãe de Jaime achou então que não podia lidar com ele àquela altura e pediu à avó que cuidasse do menino por algum tempo.

— Ele está fingindo, — ela disse à avó de Jaime. — Não sei porque está dando tanto trabalho. Espere só até eu resolver meus problemas e poderei ficar de novo com ele.

O coitado do Jaime teve de enfrentar então um trauma duplo. Não só seu pai saíra de casa, como se sentia agora também abandonado pela mãe. A mãe finalmente restabeleceu o lar cinco semanas mais tarde, mas Jaime já se apegara à avó e não confiava mais na mãe. Afastá-lo da avó foi outro golpe traumático.

A falta de atenção à ansiedade de Jaime fez com que ela se transformasse numa reação generalizada por toda a sua vida. Ele se tornou um garoto excessivamente preocupado, temeroso de muitas circunstâncias. Agora, na juventude, passa grande parte do tempo evitando situações que o perturbam. Seus pensamentos são totalmente dominados por temores ansiosos. O fato mais triste é que todo o seu problema poderia ter sido evitado com uma ajuda inicial.

Os pais que se divorciam têm a obrigação de evitar que os filhos desenvolvam tais padrões neuróticos. A criança ajudada por pais sensíveis e amorosos, embora divorciados, tem mais chance de gozar de boa saúde na idade adulta do que a criança de um lar intato mas infeliz.

Os Sintomas da Ansiedade na Infância

Os sintomas da ansiedade na infância podem ser divididos em três categorias: físicos, psicológicos e sociais. Vou discutir cada um por sua vez e por meio de exemplos tentarei ajudar você a decidir se seu filho tem um problema que precisa ser tratado.

Sintomas Físicos

A ansiedade severa ou prolongada produz desordens em quase todos os sistemas do corpo. As crianças, como os adultos, têm às vezes um ponto fraco onde mostram mais facilmente a sua ansiedade. Algumas sentem desconforto no estômago, outras no sistema cardiovascular. Outras ainda têm problemas no sistema respiratório. Uma criança pode aparentar ocasionalmente ansiedade mediante sintomas envolvendo um ou mais desses sistemas.

A reação física mais comum é a do trato gastrointestinal. Dores de estômago, náusea, vômitos ou diarréia podem ocorrer seja contínua ou esporadicamente. A criança irá muitas vezes apresentar esses sintomas só durante situações muito estressantes, tais como a despedida depois da visita de um dos pais, volta à escola após as férias, ou mudança para outra casa.

As dores de cabeça são a segunda reação física mais comum ao estresse. Os pais devem ficar, porém, alertas com relação às crianças que exageram a severidade da dor para receber simpatia e atenção.

O tipo mais comum de dor de cabeça é a tensional, mas ocasionalmente uma verdadeira enxaqueca pode ocorrer por causa do estresse na vida da criança. As enxaquecas são muito comuns nas meninas, especialmente depois de chegarem à puberdade. Os ataques de enxaqueca ocorrem logo depois de iniciado o período de menstruação e cessam quando ele termina. É importante diferenciar as dores de cabeça tensionais das enxaquecas porque o tratamento de cada uma delas é diferente. Consulte um médico se necessário.

Qualquer que seja o tipo de dor de cabeça, a causa subjacente, a ansiedade e a tensão, deve ser tratada. Os dois pais podem ajudar oferecendo segurança, amor e compreensão.

Os sintomas cardiovasculares são raros em crianças mais jovens, mas podem ocorrer nas mais velhas, especialmente nos adolescentes. Queixas de taquicardia, mãos e pés frios, dores no peito, tontura, e desmaios são as reações de ansiedade mais comuns. A criança pode ter uma crise de excesso de oxigenação em que a respiração acelerada resulta em diversas sensações estranhas no corpo.

Os problemas respiratórios podem ocorrer em qualquer idade. A maior freqüência de problemas asmáticos ou alérgicos, dificuldade para respirar, aperto no peito e maior susceptibilidade a infecções no peito podem estar todos ligados à ansiedade.

Hábitos físicos, tais como roer unhas, molhar a cama e chupar o dedo podem começar durante um período de aumento da ansiedade ou, se essas tendências já existem, serem intensificados. O sono talvez fique perturbado e a criança tenha mais pesadelos do que os costumeiros. Algumas crianças acordam assustadas e querem ir para o quarto dos pais em busca de conforto e segurança. Elas podem recusar-se a dormir sozinhas e criar problemas quando chega a hora de ir para a cama. Limites firmes e amorosos ajudarão as crianças a sentir-se seguras neste aspecto.

Sintomas Psicológicos

Maior irritabilidade e tendência para discutir com os irmãos e amigos são os sintomas psicológicos mais comuns da ansiedade. A tolerância da criança à frustração, demoras e desapontamentos pode cair tremendamente; quando elas pedem algo, querem ser imediatamente satisfeitas. As crises de nervos talvez aumentem em freqüência e sejam usadas pela criança como uma válvula de escape para a tensão e hostilidade.

As crianças que experimentam reações de extrema ansiedade também tendem a mostrar distúrbios em suas atividades normais. Elas ficam agarradas à mãe ou ao pai e os seguem como sombras à toda parte. Estes sintomas estão diretamente ligados à separação de um pai ou à ameaça de nova separação. Elas querem estar sempre perto do pai que permanece.

Outros sintomas de ansiedade incluem o medo mórbido de certos brinquedos e objetos e a preocupação com o medo de que um acidente ou doença possa acontecer com os pais ou com elas mesmas. As crianças se preocupam em perder-se e não encontrarem mais os pais. Preocupação com a morte pode também surgir.

Sintomas Sociais

A primeira reação que uma criança pode ter ao experimentar a ansiedade de um divórcio é retrair-se dos contatos sociais normais. Uma razão é que o divórcio gera um processo de luto que discutirei no capítulo sobre a depressão. Outra é que a ansiedade reduz a energia da criança a ponto de não restar quase nada para as amizades e contatos sociais. Outro motivo ainda é que os amigos fazem muitas perguntas embaraçosas que não têm respostas simples. Em vez de enfrentar o embaraço e explicar, a criança prefere ficar sozinha.

A criança pode também tornar-se desconfortável quando viaja para longe de casa ou de lugares conhecidos ou pode recusar-se a dormir na casa de um amigo, fazer pequenas compras ou ir a acampamentos ou à escola. Essas reações podem ser brandas e tratadas com um pouco mais de pressão do que o normal para que ela obedeça. Se, porém, a reação for severa ou persistir, ou se a resistência for muito grande e a criança suspender todas as atividades normais, um conselheiro ou psicoterapeuta profissional deve ser consultado.

Como Lidar com os Problemas de Ansiedade do Seu Filho

Embora o divórcio de pais cristãos seja lamentável, existe um grande consolo em ser um filho de Deus: Nosso pai celestial não nos abandona em nosso fracasso. Ele se aproxima cada vez mais em épocas como essas e, se deixarmos, vai nos oferecer uma força, vitalidade, sabedoria e prudência, que não experimentamos facilmente nos bons períodos da vida. A sua promessa é que podemos esperar "graça para socorro em ocasião oportuna" (Hb 4.16)

Os pais cristãos divorciados sentem-se, porém, muitas vezes abandonados por Deus. Eles dizem coisas como: "Por que Deus vai me ajudar agora que fracassei em obedecer à sua lei?" Ou: "Tenho certeza de que Deus vai me castigar por não ter mantido o meu casamento".

Nada pode estar mais longe da verdade! A *sensação* de que Deus o abandonou é sempre falsa — uma mentira satânica. Pode ser um subproduto da sua depressão ou até resultado de extrema exaustão.

Antes de poder ajudar eficazmente seu filho com a ansiedade dele ou dela, ou com qualquer outro problema, você precisa restaurar a sua confiança em Deus. Como? Basta acreditar que ele quer ajudá-lo a levar seus filhos até a idade adulta livres dos problemas difíceis criados pelo divórcio. Deixe que a sua fé ande e fale! Deus não irá mandá-lo embora na sua hora de necessidade.

Ao preparar uma estratégia para tratar com a ansiedade, você deve sempre lembrar que a causa do problema é a insegurança e não quero dizer apenas insegurança física ou material. A criança precisa sentir-se emocionalmente segura acima de tudo. Ela precisa sentir-se amada e não abandonada. A criança requer um ambiente doméstico que ofereça calor e proximidade, intimidade e abertura, aceitação da humanidade e disposição para perdoar o fracasso. Estas qualidades num lar sempre produzem pessoas emocionalmente sadias. Elas devem ser as qualidades que caracterizem a sua casa.

Ofereça generosamente amor e segurança. Passe mais tempo do que geralmente passa com seu filho e não proíba seu ex-cônjuge de contribuir para a formação desta segurança. Seu filho precisa sentir que ambos os pais vão continuar presentes na sua vida.

Vou tratar agora de passos mais específicos que você pode dar para aliviar a ansiedade de seu filho:

Descubra o Que Está Perturbando a Criança

Seja um ouvinte ativo e cuidadoso. Não interrompa a criança por mais ridículos que seus medos possam parecer. Tenha a certeza de que ela sabe que você está ouvindo.

Avalie os temores de seu filho e seja sincero sobre quais deles são legítimos.

Você não vai ajudar seu filho se negar que um certo temor tem qualquer base na realidade quando, de fato, ele tem. Mentir ou encobrir as coisas ensina seu filho a não confiar em você. As ameaças conhecidas são sempre mais fáceis de lidar do que o medo do desconhecido ou problemas que foram exagerados pela imaginação. A ansiedade é mais freqüentemente produto de problemas imaginários. Quando sabemos o que estamos enfrentando, nossos recursos internos são mobilizados. Podemos então mais facilmente tomar providências, tomar decisões ou sorrir e agüentar a situação.

Dê Segurança Sempre que Necessário

Você pode ter de confirmar a segurança repetidamente para que seja eficaz. Dizer irritado a uma criança: "Mas, já lhe disse ontem que não vamos sair desta casa; continuaremos morando aqui", só provoca mais insegurança fazendo a criança sentir-se depreciada ou diminuída. Repita pacientemente a sua segurança com palavras deste tipo: "É verdade, como já disse ontem a você, nós vamos continuar em nossa casa. Não precisa ter medo de nada". Isto comunica uma confiança tranqüila que acalma a criança. Aos poucos, se tais confirmações forem pacientemente repetidas, ela irá confiar nelas.

Ofereça um Ambiente Estável e Sem Mudanças

A regra principal é novamente esta: *Mude o menos possível as coisas*. Elas devem ser mantidas ao máximo como sempre foram. Para manter o ambiente estável você pode precisar pôr de lado os seus sentimentos feridos e pedir ao seu ex-cônjuge que colabore por causa de seu filho ou filhos. As crianças sofrem muito por causa do conflito entre o casal e você deve então tentar manter esses sentimentos sob controle e fora do quadro. Se não puder controlá-los, não hesite em procurar aconselhamento!

Dê Mais Tempo e Atenção a Seu Filho

Isto nem sempre é fácil, especialmente quando você está preocupado com seus próprios sentimentos. Mas envide todos os esforços para esquecer as suas necessidades para favorecer seu filho. Sugiro isto, não porque não penso que as suas necessidades não sejam importantes, mas porque o perigo é que você se envolva demais nos seus próprios problemas.

Evite Comunicar seus Medos e Ansiedades a seus Filhos

Embora, como regra geral, você deva esforçar-se para ser tão honesto quanto puder com seu filho, é importante que não comunique seus próprios sentimentos de ansiedade de modo a assustá-lo. Se estiver passando por uma reação grave de ansiedade por causa do seu divórcio, você corre o risco de comunicar esses sentimentos ao seu filho.

Alguns pais cometem o erro de contar o que estão sentindo em detalhes muito íntimos. Eles precisam falar com alguém e desde que o filho está convenientemente à disposição, despejam suas emoções sobre a criança. Este fardo-extra de ansiedade geralmente aumenta as inseguranças do filho. Toda pessoa em estado de perturbação emocional precisa falar com alguém, mas mantenha a conversa num mínimo com seu filho. Ele não é seu terapeuta!

Ofereça válvulas de escape aceitáveis para as emoções de seu filho.

As crianças mais velhas geralmente acham fácil falar dos seus medos. As mais novas nem sempre os verbalizam e você deve então providenciar jogos, papel e lápis, marionetes ou argila para elas se expressarem por meio de atos ou arte. Não critique o que fazem. Se desenharem você como um diabo, não ralhe; elas estão tentando expressar seus sentimentos. Responda dizendo, — Você acha realmente que fui desagradável com você? O que foi que fiz? O que quer que faça? Quer bater em mim? — Perguntas como essas ajudam as crianças a se expressarem de forma não-destrutiva.

Mas só porque liberou a sua emoção hoje não significa que não possa expressá-la novamente amanhã. Aceite, portanto, que seu filho possa necessitar da mesma válvula de escape repetidamente.

Respeite a necessidade de independência de seu filho, mesmo quando ele estiver buscando segurança.

Se uma criança quiser ser realmente deixada sozinha, faça isso. As crianças diferem grandemente em sua necessidade de equilibrar a independência com a segurança. Elas querem que esteja por perto, mas nem sempre no mesmo aposento. Escute o que seu filho está dizendo e respeite essas necessidades. Não retire a sua aprovação só porque seu filho não faz as coisas do seu modo. O ponto de vista da criança é tão válido para ela quanto o seu é para você. Aceite essas diferenças e continue amando seu filho incondicionalmente.

A Importância da Compreensão

Enfatizei repetidamente a importância de compreender o que seu filho está sentindo. Não tenha medo de expôr-se a esses sentimentos. Eles não são "contagiosos" a não ser que você já esteja experimentando os mesmos.

Coloque "compreender meu filho" no alto da sua lista de prioridades. Isso irá gerar a atitude e o comportamento corretos. Se você souber realmente como seu filho está se sentindo, irá sempre fazer planos melhores e seus atos e reações serão certos.

Quando os pais me procuram zangados ou magoados por estarem perplexos com as reações ou comportamento difícil dos filhos, geralmente descubro que a sua confusão é devida à falha em ver a situação do ponto de vista do filho. — Ele não leva o lixo, mas fica ali sentado de cara amarrada, — um pai queixou-se do filho de 16 anos.

Conversei com o rapazinho. A resposta dele? — Essa é a única maneira de fazer meu pai compreender o que estou sentindo. Ele não escuta quando falo. Só presta atenção quando ajo desse modo.

Todos precisamos ser compreendidos do nosso ponto de vista. Os conselheiros são treinados para facilitar isto; chama-se empatia. Se os pais conseguissem usar pelo menos um pouco de empatia com os filhos, eles poderiam revolucionar seus lares! Como isto é possível? *Coloque-se no lugar de seu filho!* Mude de lugar com seus filhos por uma hora, ou até por alguns minutos. Faça um esforço para pensar o que eles estão pensando, sentir o que estão sentindo, e experimentar o que estão experimentando. Isto vai abrandar você na mesma hora!

Se os pais divorciados pudessem penetrar o mundo do filho, pelo menos em pensamento, e conhecer intimamente as preocupações, temores e sentimentos dele, duvido que tivessem qualquer dificuldade em saber o que fazer, porque iriam compreender realmente o problema. Compreender a vida do ponto de vista do filho é o melhor treinamento para o pai que se pode imaginar. Compreender nos ajuda a não julgar e nos ensina a linguagem do amor, esclarecendo melhor o que devemos fazer por nossos filhos.

Quando pensamos no assunto, foi exatamente isto que Deus fez por nós. Ele enviou Jesus para viver no mundo conosco, a fim de experimentar o nosso sofrimento e conhecê-lo de primeira mão. Por causa disto ganhou o direito de dizer-nos o que está errado com a nossa condição e ministrar-nos cura e consolo. Alguém nos conhece ou nos compreende mais intimamente do que o seu Espírito? Jesus disse: "Até os cabelos da vossa cabeça estão todos contados. Não temais! Bem mais valeis do que muitos pardais" (Lc 12.7). Não sei o que você pensa, mas eu acho essas palavras reconfortantes.

Oh, se nós como pais pudéssemos "contar as preocupações na cabeça de nossos filhos"! Esta é a forma mais profunda de compreensão. Tal empatia e compreensão evitaria grande parte do prejuízo involuntário causado pelo divórcio. Poderíamos até transformar os dias maus em bons e ajudar nossos filhos a serem adultos mais saudáveis. Sei que eu teria me beneficiado imensamente com um lar assim.

8
A ira e o filho do divórcio

Todo filho do divórcio será provavelmente uma criança zangada. Digo *todo* porque, em minha experiência, as circunstâncias que cercam as raras exceções que encontrei são tão incomuns que não merecem ser mencionadas.

Como já foi dito num capítulo anterior, poucas crianças querem que os pais se divorciem, não importa quanto conflito exista no lar. Os adolescentes mais velhos e os adultos podem às vezes gostar que os pais se divorciem como um fim dos anos de infelicidade, mas nesses casos o estágio do cuidado com os filhos já passou. Nos casos em que um dos pais é totalmente destrutivo para os filhos por causa de um distúrbio de personalidade severo, alcoolismo, doença mental, ou infração habitual da lei, os filhos menores podem sentir alívio quando acontece o divórcio. Mesmo nessas circunstâncias, os filhos geralmente sentem bastante ambivalência com relação ao rompimento.

Quer a criança deseje ou não que os pais permaneçam juntos, o divórcio irá causar-lhe muita frustração e mágoa. Os propósitos da vida são deturpados e o resultado invariável é a ira.

É claro que esta ira nem sempre se expressa diretamente. O emprego que faço do termo *ira* é então amplo. Estou usando a palavra no sentido clínico, a fim de indicar o sentimento subjacente, básico, de raiva que pode ser totalmente mascarado, suprimido ou oculto e não se revelar em crises de nervos e gritaria. A ira pode permanecer adormecida e só se mostrar por meio de atitudes negativas e mau humor. O fato de não manifestar-se de modo dramático ou evidente não significa, porém, que não esteja causando danos.

Essas maneiras ocultas e suprimidas de expressar ira, muitas vezes referidas como "comportamentos passivo-agressivos" podem ser a longo prazo mais prejudiciais do que os comportamentos explosivos, abertamente hostis. Quando a ira é claramente expressa, há menos oportunidade dela explodir de maneiras inesperadas ou virar-se contra a própria criança de modo autodestrutivo.

Como vou mostrar, no entanto, permitir que a ira seja aberta e freqüentemente expressa não é também a maneira mais saudável de resolvê-la. Este padrão, referido freqüentemente como "desabafo", se repetido, pode gerar uma personalidade zangada — alguém sempre irritado com tudo e que acredita que o resto do mundo existe convenientemente para servir de saco de pancadas para os seus sentimentos. É desagradável ficar perto de pessoas desse tipo, literal e figuradamente.

Quero estabelecer um princípio bíblico desde o início: Ninguém tem o direito de descontar a sua ira em outrem. O Novo Testamento é muito claro em suas instruções neste ponto. Paulo nos diz: "Se possível, quanto depender de vós, tende paz com todos os homens; não vos vingueis a vós mesmos, amados" (Rm 12.18-19). Este foi um bom conselho nos dias do Novo Testamento e continua sendo hoje. Os pais têm a responsabilidade de ensinar os filhos a lidarem eficazmente com a sua ira e não permitir que ela se torne uma força destrutiva em suas vidas.

Quando a Ira É um Problema Grave?

Estêvão tem 12 anos. Ele jamais criou problemas em casa ou na escola. Sempre foi uma criança amorosa e obediente, as suas travessuras sempre estiveram dentro dos limites normais. De vez em quando o menino amarrava uma lata no rabo do gato ou escondia o perfume predileto da irmã, mas qual o menino que não desejaria fazer isto?

Logo depois que os pais se separaram, entretanto, as brincadeiras dele tomaram outro rumo. Os pneus do carro da família apareceram vazios certa manhã. Em outra ocasião, quando não havia ninguém mais em casa, ele deixou a torneira do banheiro aberta de propósito enquanto ia dar um longo passeio de bicicleta. Quando a mãe encontrou o gato com as pernas de trás amarradas, ela compreendeu que o filho era o culpado de todas as outras traquinagens e decidiu que algo estava muito errado com o comportamento dele. Buscou então, sensatamente, ajuda profissional.

Maria tem sete anos. Ela é a mais nova de cinco filhos e foi sempre meio retraída. Ela não gosta de receber as sobras dos irmãos, mas apenas se queixa brandamente: — Ninguém presta atenção em mim. Essa é a maior rebelião que consegue expressar. Também não exigia muito dos pais. Sua tendência era ficar silenciosa, ser auto-suficiênte, e fazer tudo que lhe pedissem.

Mas, certo dia tudo isso mudou. A mãe deu as más notícias: — Papai não vem mais para casa; ele arranjou uma namorada e quer morar com ela.

Maria não pôde ou não quis compreender no início. Quem sabe era tudo um sonho e papai ia voltar, pensou ela. Mas os dias se transformaram em semanas e, além de uma visita ocasional, papai nunca mais voltou para viver com a família. Em breve ele disse que queria o divórcio. Para Maria isto significava que o pai estava também se divorciando dela.

Foi então que Maria começou a acusar a mãe de "mandar papai embora". Ela passou a ser desobediente. Quando recebia ordens para ir deitar-se, se escondia ou ficava impassível diante da televisão. Quando lhe mandavam pôr as roupas no lugar, ela jogava mais roupas no chão. De fato, fazia exatamente o oposto do que lhe pediam. Chamamos isso de "comportamento oposicional".

Maria também começou a gritar ofensas à mãe. — Você me deixa doente. Você deixa todo mundo doente. É por isso que papai foi embora.

A mãe não sabia mais o que fazer. Devia bater na filha por causa do seu comportamento? Ela tentou fazer isso uma vez, mas Maria recebeu passivamente o castigo, comportando-se como se estivesse gostando. A disciplina perdeu a sua eficácia e a mãe de Maria, em desespero, desistiu e deixou a menina agir como quisesse. O que mais poderia ter feito?

A ira de Maria foi diminuindo aos poucos. Sem que ninguém brigasse com ela e perpetuasse a sua tristeza, ela acabou aceitando a partida do pai como final e lentamente foi se aproximando da mãe para obter amor e segurança. Em conseqüência, a mãe e a filha ficaram muito mais próximas e descobriram um novo amor uma pela outra.

Essas duas histórias ilustram dois extremos de reações graves de ira nos filhos do divórcio. Ambas poderiam ter tido resultados desastrosos. No caso de Maria uma cura espontânea e natural teve lugar sem a necessidade de intervenção profissional. Estêvão, por outro lado, precisou de ajuda profissional, mas a mãe a procurou em tempo de impedir danos mais sérios.

Isto nos deixa com o dilema: Quando o comportamento irado é sério o bastante para exigir atenção profissional? Quando podemos esperar que uma cura natural tenha lugar?

Não existem respostas simples a tais perguntas. Os especialistas concordam sobre os pontos específicos que requerem ajuda. Alguns acreditam, e eu tendo a concordar, que em todo divórcio as reações dos filhos precisam ser cuidadosamente examinadas por um conselheiro ou psicoterapeuta treinado. Os pais nem sempre podem confiar na sua própria avaliação da ira, porque no geral têm grande necessidade de crer que tudo vai bem.

Isto não significa que todos os filhos do divórcio devem ser levados a um conselheiro. Estou sugerindo, porém, que pelo menos um dos pais, caso não os dois, deve procurar o auxílio de uma terceira pessoa, preferivelmente um indivíduo treinado e imparcial, que possa ajudá-los a decidir se existe ou não um problema.

Há alguns sinais que servem para alertar o pai da existência de um problema grave? Como regra geral, eu diria que se a ira da criança, quando expressa em termos de total passividade ou falta de qualquer reação, ou ainda como fingimento comportamental, durar mais de quatro ou cinco semanas, o problema é suficientemente sério para receber a atenção mais especializada que você puder obter. Outra regra útil é lembrar que cerca de 23% dos filhos do divórcio terão uma reação irada suficientemente grave para exigir algum tipo de intervenção. Não hesite, portanto, em buscar ajuda se estiver na dúvida. A prevenção é a melhor cura para o problema da ira não resolvida.

Compreendendo a Ira

A fim de ajudar você a avaliar a gravidade do problema de seu filho, preciso começar ajudando você a compreender melhor a natureza da ira.

A ira é a mais confusa de todas as emoções humanas, especialmente para nós cristãos. A capacidade de ficar zangados foi colocada em nós por Deus e envolve muitos sistemas corporais, inclusive parte do cérebro e o sistema hormonal. A ira serve basicamente a uma função muito importante; todavia, ela tem um tremendo potencial para o pecado e o dano.

Juntar esses dois aspectos da ira, sua natureza deliberada e seu potencial para o pecado, é uma importante tarefa para todo cristão que quer compreender a ira. Não tenho espaço aqui para entrar em detalhes sobre esta complexa emoção. Para nossos objetivos, portanto, simplesmente quero indicar que existem quatro causas para a ira em todos nós, e se pudermos guardar isso em mente estaremos melhor equipados para lidar com a nossa ira e também para ajudar nossos filhos com as deles. As quatro causas são:

A Ira Como uma Proteção Instintiva

Uma reação irada instintiva faz parte da natureza de todos os seres humanos (e também dos animais), sempre que são ameaçados ou atacados. Esta reação se destina às situações perigosas e tem como objetivo dar-nos a energia e a coragem necessárias para proteger a nós mesmos e aos nossos entes queridos. Todo policial conhece este tipo de ira. Ela o mantém vivo nas situações de perigo. Mas pode também abrir a porta para muitos problemas se não for mantida sob controle. Quando esta ira predomina, o policial mais amável e bondoso pode tornar-se violento e abusivo. Culpamos o policial, mas trata-se na verdade de uma reação instintiva que enveredou pelo caminho errado.

A Ira Como uma Resposta Condicionada

A ira não é só instintiva, ela pode ser também condicionada ou aprendida. Neste caso é uma resposta automática a uma situação em que experimentamos ira antes.

Por exemplo, podemos ter aprendido muito cedo a ficar zangados com as pessoas ou a ter um acesso de raiva. A ira foi condicionada em nós como uma forma de manipular os outros ou de obter o que queremos. Tendo aprendido isto quando crianças, continuamos a manipular as pessoas na idade adulta. É claro que não nos atiramos mais no chão, gritamos e esperneamos. A versão adulta do acesso de raiva é o "tratamento silencioso". Nos fechamos e viramos a cara para a pessoa de modo a mostrar a nossa ira, na esperança de obter o que desejamos, ou pelo menos de punir o ofensor. Os casais conhecem muito bem esta reação condicionada.

A Ira Como Resposta à Frustração

Já foi estabelecido como fato psicológico que nos irritamos sempre que ficamos frustrados por não atingir um determinado alvo. Esta é uma lei natural integrada no ser humano. Sua função é nos dar a coragem para vencer a causa da frustração. Esta reação funcionou bem em tempos primitivos quando se tratava de um tigre e você perseguirem o mesmo veado e você tinha fome e precisava desesperadamente agarrar essa caça para a sua família. A sua frustração deu-lhe a ira e a coragem para espantar o tigre. Mas o problema com este tipo de ira que continua conosco é que, em muitos casos, os obstáculos são tais que não há ira, por maior que seja, que possa removê-los. Eles são pessoas e não tigres!

Por frustração quero indicar qualquer coisa que nos impeça de fazer o que desejamos. Para os filhos do divórcio esta é uma importante fonte de ira. O divórcio faz surgir vários obstáculos diante deles e remove vários privilégios. Ele bloqueia muitos sonhos e destrói muitos ideais. O que a criança pode fazer em face desses obstáculos? A reação natural é a ira, mas é difícil que a criança saiba como expressar esta ira de maneira construtiva. Este dilema cria mais conflito, mais frustração e, conseqüentemente, mais ira. É um círculo vicioso que parece não ter fim para grande número de crianças.

A Ira Como Resposta à Mágoa

Isto nos leva à mais importante fonte da ira para todos nós neste mundo moderno, a ira despertada quando nos sentimos magoados. É a forma mais comum de ira.

A mágoa que gera esta reação irada pode ser *física*, como quando alguém pisa em nosso pé. Imediatamente queremos revidar cheios de raiva. Ou pode ser *psicológica*, como quando alguém nos critica ou julga injustamente. É claro que as pessoas não nos machucam tanto fisicamente como antes, elas nos surram com palavras! A maior parte da ira é então psicológica.

Por que este tipo de ira é tão prejudicial? Porque a ofensa que recebemos faz surgir uma forte necessidade de revidar, magoando também o ofensor, ou seja, vingando-se dele.

Revidamos então com críticas igualmente venenosas ou, se não pudermos fazer isto imediatamente ou se não for seguro, nosso cérebro armazena a lembrança da ofensa. Chamamos a isto ressentimento. É o depósito de memórias penosas com a idéia de tirar vingança numa ocasião futura.

Para o filho do divórcio, qualquer desses quatro itens pode provocar a ira. O divórcio pode gerar todos eles na mais plácida das crianças. O medo e a insegurança fazem surgir a necessidade instintiva de autoproteção, e a criança irá naturalmente revidar contra aquele de quem ela depende para dar-lhe amor e segurança. Padrões de ira condicionada ou aprendida podem ser acionados pela perda de um lar estável, amigos, escola e privilégios financeiros. Ver-se dividido entre dois pais inimigos pode despertar muitos conflitos e frustrações. Finalmente, o sentimento de ter sido abandonado pode causar muita tristeza. Em vista dos pais serem freqüentemente vítima de suas próprias mágoas, é fácil que venham a transmiti-las a seus filhos sem perceber.

A Ira Como Uma Proteção

Qualquer que seja a causa, a ira pretende dar proteção. Os pais devem compreender isto. Seu filho, quando zangado, está apenas fazendo o que é destinado a fazer. A ira é essencialmente um sinal de alarme. Neste respeito, a ira é para a mente o que a dor física é para o corpo. Para a mente, a ira adverte da presença de conflito, mágoa ou ameaça. Deus criou a ira mais como um sistema de defesa do que de ataque!

É pena que para a maioria de nós, as situações da vida que acionam a ira não mais necessitam desta proteção. Por exemplo, a nossa ira que estava destinada a um estilo de vida mais primitivo teve de adaptar-se ao estilo de vida mais sofisticado e psicologicamente orientado dos tempos modernos. Quase todos os meios de tratar pessoas problemáticas são inadequados para a vida moderna. Mas mesmo assim experimentamos esta ira.

É importante que o pai de uma criança irritada compreenda este dilema. Cada criança deve ter a liberdade de *sentir-se* zangada. Ela deve aprender em seguida a expressar sua ira de maneira não-física. O ÚNICO modo saudável de expressar ira é *sem magoar os outros.*

A criança proibida de manifestar ira vai apenas suprimir o impulso de fazer uso dela até mais tarde. A ira suprimida também cria um risco maior: o da criança usar meios passivos e indiretos de expressá-la. Isto pode tornar-se um estilo de vida. É sempre mais saudável ter permissão para sentir e falar sobre a ira. Quando temos liberdade para isto, a necessidade de agir agressivamente diminui.

Ira Passiva

Quero examinar a ira passiva em mais detalhe aqui porque ela é mais comum em nossa cultura. Ao contrário de certas culturas européias expressivas (que permanecerão anônimas) que preferem explodir e gritar, nós damos preferência aos meios passivos para lidar com a nossa ira.

Quais são alguns dos meios passivos e indiretos que as crianças aprendem para expressar a sua ira? A *negatividade* é o mais comum. Você já viu uma criança negativa? Ela vê o mundo através de óculos tingidos de negro, resistindo a todo encorajamento. Tudo é visto de uma perspectiva pessimista. A criança parece estar constantemente irritada. Ela se retrai e se isola, criticando os irmãos e os pais, resistindo a ir à escola e a fazer as tarefas domésticas. Tal criança está mostrando todos os sinais de ira suprimida expressa passivamente.

Algumas crianças zangadas passam a práticas negativas mais graves. Elas se tornam anti-sociais ou se envolvem em pequenas atividades criminosas — tudo como um meio de expressar indiretamente a sua raiva.

Um garoto de 15 anos com quem trabalhei ficou com a compulsão de estragar o carro dos outros. Ele andava pela rua no começo da noite e esvaziava pneus ou riscava a pintura com um prego. Sua ira interna, não-reconhecida, era tão grande que ele se sentia obrigado a estragar algo.

O que estava provocando essa ira e por que ele se concentrava nos automóveis? Como é possível adivinhar, seus pais haviam se divorciado recentemente depois do pai ter deixado a mãe por outra mulher. O pai dele gostava de carros. Eles eram o orgulho da sua vida. De maneira simbólica, o menino estava tentando magoar o pai.

Até mesmo em casos como este, os sentimentos de ira são naturais e apropriados. A maneira como o garoto expressou a sua ira é que é errada. Ele deveria ter sido ensinado pelos pais, quando tinha bem menos idade, a reconhecer a ira e falar sobre ela, preferivelmente com a pessoa que a provocava. Esta é a melhor maneira de evitar o comportamento de ira passiva e foi exatamente isto que a terapia fez para ele. Ajudou-o a admitir a sua ira e descobrir uma válvula de saída para ela, falando a respeito. Pouco depois de ter iniciado a terapia, seu comportamento compulsivo cessou.

Até que Ponto a Expressão da Ira Deve ser Encorajada?

A pergunta que todo pai e conselheiro enfrentam ao tentar lidar com uma criança zangada é esta: Até que ponto deve ser permitido que a criança expresse a sua ira de maneira direta? Ela deve ser encorajada a desabafar seus impulsos de ira?

Para responder a esta pergunta é importante que eu faça primeiro distinção entre a ira como um sentimento ou emoção e como comportamento e agressão. O sentimento de ira nunca deve ser punido ou inibido. A criança deve sempre ter a liberdade de sentir ira. De fato, quanto mais sincera a criança for ao admitir quando se sente zangada, tanto melhor. Entrar em contato com os sentimentos de ira nos ajuda a reconhecer que algo está nos aborrecendo. É um sinal de que estamos sendo ameaçados ou ofendidos. Devemos aprender a aceitar os sentimentos irados e depois tentar descobrir a causa dos mesmos. Isto nos leva então aos passos que devemos dar para lidar com a raiz da ira.

O sentimento de raiva também cria em nós o impulso de vingança. Queremos atacar a causa ou revidar a mágoa que experimentamos. Este comportamento agressivo é que provoca problemas. Sentir nossa ira é saudável. Expressá-la com hostilidade ou violência não é sadio. Esta a razão de Paulo nos advertir em Efésios 4.26: "Irai-vos e não pequeis, não se ponha o sol sobre a vossa ira". A New English Bible traduz assim este versículo: "Se estiver irado, não permita que a ira o faça pecar".

Entendo que Paulo está dizendo neste ponto que não é a ira em si (como sentimento) que é problema, mas o fato da ira ter o potencial (no comportamento) que nos leva a pecar.

Ao tratar com uma criança irritada, o pai deve sempre lembrar-se desta distinção. É importante que você ajude seu filho a reconhecer e falar sobre os seus sentimentos de ira. Ao mesmo tempo, você deve deixar claro que certos tipos de comportamento irado não são aceitáveis. Uma criança deve poder dizer: "Estou com raiva e odeio você pelo que fez", sem que o pai desmorone ou fique perturbado, colocando-se na defensiva. Isto não é fácil para os pais divorciados, que já se sentem culpados pelo que foi feito ao filho e cuja culpa se intensifica com a expressão do sofrimento emocional da criança. Os pais devem fazer um esforço deliberado para esquecer seu próprio sofrimento se quiserem permitir aos filhos uma manifestação mais livre da ira.

Papel do Pai ao Lidar com os Problemas da Ira

Isto nos leva a um ponto importante que quero salientar ao máximo: O pai deve desempenhar um papel significativo ao lidar com a ira do filho.

Duas descobertas da pesquisa recente são que os filhos têm mais probabilidade de sentir ira contra o pai que se divorcia do que contra a mãe; e que os meninos têm mais probabilidade de manifestar problemas de ira do que as meninas. Suspeito que isto se deve ao fato de criarmos os meninos em nossa cultura para expressar a ira de modo diferente das meninas e por ser mais costumeiro que os pais vão embora de casa em vez das mães.

Qualquer seja a razão, esta pesquisa mostra como é importante que o pai participe da cura da ira do filho. Um pai ausente, ou aquele que tem dificuldade para lidar com as suas próprias emoções, irá agravar ainda mais o problema. Portanto, pais, mantenham a sua vida emocional em boa forma!

Um aspecto lamentável da nossa cultura é ensinar que os homens devem ocultar as suas emoções. Os homens, via de regra, não se sentem tão confortáveis no terreno emocional quanto as mulheres. É por isto que muito mais mulheres se dispõem a fazer terapia do que homens. Não se trata das mulheres serem mais neuróticas, mas de que tendem a ser mais honestas a respeito de si mesmas e de seus sentimentos e terem a coragem de confrontar a si mesmas em nível mais profundo. Creio que os homens, por causa da sua tendência para esconder as emoções, são no geral menos saudáveis emocionalmente. É bem mais difícil fazer terapia com eles, isto se conseguir levá-los à terapia!

Peço que perdoe a minha generalização aqui. É claro que há mulheres que têm dificuldade para lidar com as suas emoções, da mesma forma que há homens que se sentem confortáveis com os seus sentimentos. As exceções são freqüentes, por sorte! As meninas, do mesmo modo que os meninos, podem manifestar problemas de ira. Mas, de maneira geral, os homens precisam trabalhar mais em sua expressividade emocional do que as mulheres.

Como os pais podem ajudar seus filhos a vencer os problemas de ira? Estas são as minha sugestões:

- **Esteja disponível.** O pai ausente não pode ajudar ninguém. Passe tempo com seu filho. Uma vez por semana não basta. Duas a três vezes por semana é melhor.
- **Fique a sós com seu filho-problema.** Se mais de uma criança estiver envolvida, passe algum tempo com cada uma separadamente, mas em especial com qualquer criança que pareça zangada. A sua presença na vida da criança, dando-lhe atenção especial, pode operar milagres.
- **Faça um esforço para ser melhor ouvinte.** Os homens tendem a dar conselhos e não a ser bons ouvintes. Trabalhe na sua habilidade de ouvir. Faça perguntas que animem seu filho a falar sobre os seus sentimentos de ira e tente aceitar esses sentimentos sem defender-se ou desprezá-los.
- **Fique alerta para sinais indiretos de ira.** Provocação persistente, fofocas, sarcasmo, negatividade e resistência são comuns. Algumas vezes a ira se revela mediante problemas físicos, tais como dores de estômago, asma, vômitos e insônia. Todos esses são sinais de ira e, portanto, trate a ira com toda a paciência e compreensão que puder. Tente mostrar que compreende a razão da zanga de seu filho.
- **Aceite a ira como normal.** Encoraje a criança a falar sobre ela em vez de agir sob o seu impulso. Jamais encoraje seu filho a gastar sua ira fisicamente, batendo em você ou em qualquer outra pessoa ou objeto. A ira pode ser resolvida falando sobre ela; não é necessária a sua expressão comportamental mediante agressão. Exercícios vigorosos, tais como correr ou andar de bicicleta podem ajudar algumas crianças a desabafarem a sua frustração inofensivamente, mas tais exercícios jamais devem ser um substituto para conversar a respeito desses sentimentos.

- **Modele, com o seu comportamento, como lidar com a ira.** Esta é a coisa mais importante que você pode fazer. Mesmo que cometa erros por não prestar muita atenção ou dar conselhos demais, se puder modelar o autocontrole e expressar abertamente os seus sentimentos, terá ganho a batalha! Conte à criança como se sente, mas não despeje sobre ela os seus sentimentos. Tente mostrar à criança como ser sincera com os seus sentimentos sem comportar-se agressivamente. Tal modelo, especialmente por parte do pai para o filho, pode valer um milhão de palavras.

Toda criança, e não apenas as de pais divorciados, deve ser exposta a adultos que possam falar sobre os seus sentimentos aberta e sinceramente. Se um pai for incapaz deste tipo de comunicação, leve então o filho a amigos ou parentes que possam fazer isso e certifique-se de que eles passem tempo com pessoas sadias.

O lado maravilhoso da saúde emocional é este: Ela é contagiosa. Propaga-se através da imitação. Ela afeta cada parte de você quando está à sua volta. Você não pode deixar de ser sadio quando tem de viver com ela todos os dias. Mamãe e papai, acima de tudo o mais, vocês devem cuidar da sua própria saúde. Seus filhos os chamarão de abençoados por isso.

9
Aumentando a auto-estima de seu filho

O divórcio nunca é uma experiência agradável, mesmo quando os cônjuges concordam mutuamente em terminar o casamento. Quando a separação é cheia de ressentimento e amargura, as conseqüências são potencialmente ainda mais danosas.

Um resultado negativo importante de todo divórcio é o golpe esmagador que ele aplica na auto-estima dos envolvidos, especialmente das crianças cujo autoconceito ainda se encontra em formação. Para elas, o divórcio é o preâmbulo de uma cadeia de eventos que podem deixar cicatrizes permanentes e causar danos irreparáveis na sua auto-estima.

O prejuízo à auto-estima da criança não é devido à perda dos pais unidos ou de não ter mais uma única casa, mas das indignidades causadas pelas reações das outras pessoas. A criança teme o que os outros possam pensar dela. Acrescentando o insulto à injúria, surgem os processos legais e a maneira como a criança se sente surrada emocionalmente. Quando os filhos são tratados como peças de propriedade a serem barganhadas, quando seus sentimentos e desejos são ignorados, quando são usados como reféns por um dos pais que tenta ganhar uma vantagem material ou emocional sobre o outro, ou quando são usados como armas para satisfazer o desejo de vingança contra o outro cônjuge, temos uma circunstância com poder latente para causar grande dano no que diz respeito à maneira como a criança se avalia.

É claro que tais comportamentos não devem caracterizar os cristãos. Eles violam todos os princípios do amor ensinados no Novo Testamento. Todavia, há muitos pais cristãos culpados desses abusos. Para dar-lhes o benefício da dúvida, só posso supor que agem por ignorância. Se fossem melhor informados, o seu comportamento teria sido diferente. Espero que este livro contribua para essa mudança.

O Cristão e a Auto-Estima

Há bastante confusão na mente de muitos cristãos sobre a propriedade do conceito da auto-estima. Antes de oferecer conselhos aos pais sobre como ajudar seus filhos a construírem a sua auto-estima durante e depois do divórcio, preciso primeiro explicar sob uma perspectiva cristã o que tentamos fazer ao construir a auto-estima.

A maior parte da confusão atual é devida ao fato do conceito psicológico do ego e do valor pessoal não ser claramente compreendido. O ensino bíblico sobre o pecado básico do ego e da pessoa humana é visto como estando em contradição com noções como a da auto-estima.

É verdade que a Escritura nos ensina a não ser egoístas e até a negar-nos a nós mesmos. Somos chamados a uma vida de auto-sacrifício e consideração por outros. Mas a palavra *eu* significa coisas diferentes em cada uma dessas frases. É esta diferença de significado entre esses "eus" diferentes que causa a confusão. O ego que negamos não é o mesmo que afirmamos ou estimamos. Um deles está ligado à ambição egoísta e ao egocentrismo, enquanto o outro tem a ver com o que somos como pessoas. O meu livro, *Me, Myself and I* (Servant Publications) (*Mim, Eu mesmo e Eu)* esclarece esta confusão e recomendo essa fonte ao leitor para maiores informações.

É suficiente que eu diga no momento que esses ensinos bíblicos não se opõem absolutamente à necessidade de cada pessoa sentir-se valorizada e ter auto-respeito. O termo auto-estima se refere simplesmente à atitude que temos com relação a nós mesmos — e todos têm essa atitude. De fato, afirmar ter recebido o perdão de Deus deve influir dramaticamente na sua atitude relativa a si mesmo. Deve mudá-la do ódio e rejeição de si mesmo para o auto-respeito e a auto-aceitação. Se Deus o ama, quem é você para odiar a si mesmo? Quando continua a não sentir auto-respeito e auto-estima, está negando o amor de Deus por você.

Toda a noção de auto-estima, como apresentada na psicologia secular, contém alguns problemas. Isto levou muitos críticos da psicologia a perguntar acertadamente o que significa *noções* de auto-estima. Os pais cristãos devem, portanto, ser claros a respeito da compreensão cristã da auto-estima.

É verdade que existe uma forma de amor pessoal que não é aceitável para nós cristãos. Trata-se da auto-adoração que nos coloca acima de outros (até de Deus) e nos leva a buscar egoisticamente as nossas próprias necessidades sem considerar como isso afeta outros. Alguns pensam que auto-estima é isto! Será? Absolutamente não!

Esta forma de auto-adoração ou auto-amor não é o mesmo que auto-estima. Isto é chamado narcisismo e há muito tempo é considerado indesejável, não passando de presunção revestida de egoísmo. De fato, trata-se de uma compensação exagerada para sentimentos profundos de baixa auto-estima.

O que é então a auto-estima sadia? É como a pessoa se sente a respeito de si mesma. Cada um de nós tem uma auto-imagem, um retrato em nossa mente de quem e do que somos. Esta imagem se forma bem cedo na vida e nossos pais desempenham um papel importante em estabelecê-la. Esta a razão dos pais divorciados terem de prestar especial atenção no que dizem e fazem aos filhos. Quando a criança forma a sua auto-imagem, ela também coloca um preço nessa imagem — seja caro, barato ou intermediário. É este julgamento geral de nós mesmos que forma a nossa auto-estima.

Quando dizemos que alguém tem uma auto-estima elevada, queremos dizer que ele ou ela tem um forte sentido de auto-respeito e sentimento de auto-valorização. Por baixa auto-estima significamos que a pessoa não dá muito valor a si mesma. A baixa auto-estima é realmente uma forma de ódio pessoal. Este respeito por si mesmo, unido a um alto nível de auto-aceitação, é que devemos tentar incutir em nossos filhos.

Abordagem Cristã da Auto-Estima

Meu entendimento dos ensinos do Novo Testamento é que a auto-estima é comparável, mas não idêntica, ao amor a si mesmo de que Jesus fala em Marcos 12.31: "Amarás o teu próximo, como a ti mesmo". A noção de amor a si mesmo, porém, me deixa embaraçado simplesmente porque não tenho idéia do que significa amar a mim mesmo.

Quando Jesus disse aos seus seguidores que amassem o próximo como a si mesmos, ele os estava repreendendo. Uma interpretação mais exata do que ele realmente quis dizer seria: "Você já se ama tanto, por que não passa então a amar o seu próximo como a si mesmo?" A ênfase principal está em amar ao próximo e não em amar a si mesmo. Jesus assume que nós já fazemos isto!

A baixa auto-estima como a conhecemos hoje era quase desconhecida nos dias do Novo Testamento. Na África, onde tive contato com muita gente de diferentes tribos, a baixa auto-estima é também rara. A auto-estima das pessoas é obtida do conhecimento de que são membros de uma grande tribo que realizou muitas coisas na sua história. A auto-estima delas é derivada de *quem são* e não do que fazem, o que é o exato reverso da nossa cultura.

Em nossa sociedade, não podemos nos apoiar na identidade tribal para dar-nos auto-estima. Temos de trabalhar para provar a nós mesmos e a outros que somos dignos e é aqui que se encontram muitos de nossos problemas. O pai que se divorcia tem de trabalhar ainda mais para proteger a auto-estima de seu filho porque o divórcio não só cria sentimentos de depreciação, como também atrapalha a performance da criança, com uma conseqüente perda de sentimentos positivos.

Paulo nos dá alguma ajuda com o problema da baixa auto-estima quando recomenda: "Digo a cada um de vós que não pense de si mesmo além do que convém, antes, pense com moderação, segundo a medida da fé que Deus repartiu a cada um" (Rm 12.3).

O apóstolo trata aqui do importante problema da auto-estima em sua época—não da baixa auto-estima, mas do seu oposto, a presunção. O remédio que ele oferece para todos os problemas de auto-estima é o mesmo. Quando ele afirma: "Pense com moderação", está na realidade nos aconselhando a fazer duas coisas:

1. Desenvolver um autoconhecimento realista (uma auto-imagem correta), e
2. Ter a coragem de aceitar-nos a nós mesmos pelo que somos (auto-aceitação total).

Essas duas condições são necessárias para o desenvolvimento da auto-estima sadia. A tarefa é então ajudar nossos filhos a desenvolverem uma noção correta de si mesmos e dar-lhes depois a coragem de serem quem realmente são.

Como os Pais Influenciam a Auto-Estima do Filho

Desde que toda auto-estima depende essencialmente de que tipo de imagem construímos a nosso próprio respeito, é crucial saber como e quando essa imagem é formada. Os pais são uma fonte importante de informação para cada criança, a qual a faz saber que tipo de pessoa é. No divórcio, os pais precisam duplicar seus esforços a fim de que os filhos mantenham uma auto-imagem correta e positiva. Vocês são o espelho em que seus filhos olham para obter informação sobre quem são.

As crianças estão constantemente procurando avaliação e "feedback" dos pais. "Papai, olhe como sou forte!" "Mamãe, veja como amarrei os sapatos!" "Olhe o meu boletim, fui melhor em matemática desta vez!" Quando as crianças têm sucesso em formar uma auto-imagem sadia e correta que possam respeitar, é porque os pais enviaram mensagens claras tais como, "Você é uma pessoa de valor" ou "Amo você pelo que é". É pena que muitos pais enviem poucas mensagens positivas.

Samuel é pai de dois meninos com nove e 12 anos de idade, respectivamente. A sua própria infância foi infeliz. Seus pais brigavam continuamente e acabaram se divorciando quando o filho tinha dez anos. Ele jamais os perdoou por isso e quase nunca os visita. Está quase sempre de mau humor e acha que é um fracassado. Embora seja encarregado de setor em uma fábrica, lá no fundo acredita que deveria ter uma posição melhor, talvez como advogado ou engenheiro. Ele fica deprimido com isto e, inconscientemente, se esforça ao máximo para que os dois filhos vençam na vida. Sem perceber, está fazendo uso de um truque baixo para motivar os filhos a se tornarem algo. Ele os critica constantemente, esperando que reajam e provem que o pai está errado.

Este estratagema tem sido tentado desde os primórdios da humanidade, mas jamais funcionou. Não funcionou quando meu pai tentou isso comigo e também não deu certo no caso de Samuel. É um mistério como conseguiu sobreviver tanto tempo.

Samuel começou quando o garotinho mais velho tinha quatro anos. — Você é um idiota, — dizia ele, pensando que isto ajudaria o filho a provar que não era. — Nunca vai ser nada, todos são melhores que você. — Aos poucos, ele foi solapando a auto-estima do filho, dando-lhe idéias distorcidas de quem realmente era e criando assim uma auto-imagem deturpada.

Nem todas as imagens eram verbais. Olhar carrancudo, afastar o menino, destruir planos que o garoto tentara construir — todas essas ações enviavam mensagens claras como se tivesse gritado para o filho: VOCÊ NÃO PRESTA PARA NADA! Mas este espelho estava distorcido; ele projetava no filho o seu desapontamento consigo mesmo.

Quando o segundo filho cresceu, Samuel começou a tratá-lo da mesma forma. A mulher de Samuel não sabia o que fazer. Ela amava o marido, mas não conseguia controlar a sua atitude e comportamento com os dois filhos. Como era de esperar, ambos os filhos de Samuel apresentaram problemas graves de auto-estima. Vão ser necessários vários anos de terapia para corrigir as auto-imagens negativas deles. Algumas cicatrizes provavelmente permanecerão pelo resto de suas vidas.

A maioria dos pais não chega a esses extremos, mas grande número deles, mediante suas palavras e mensagens não-verbais, cria nos filhos imagens distorcidas de si mesmos. Você não poderá ter uma auto-estima sadia se não souber quem realmente é.

Os pais divorciados não devem esquecer, portanto, que os filhos só podem ver a si mesmos por meio dos reflexos das suas atitudes em relação a eles. Seus filhos passam a acreditar no que você diz que eles são.

Os pais divorciados têm uma tendência especial para distorcer a auto-imagem dos filhos. Isto se deve ao fato deles também estarem sofrendo; a sua auto-estima também baixou. Os pais devem tomar cuidado com as mensagens que enviam e que possam prejudicar a autoconfiança dos filhos ou fazê-los questionar seu valor como pessoas. O divórcio já produz problemas suficientes sem que os pais projetem seu ressentimento, amargura e ira sobre os filhos.

Os pais divorciados devem ser especialmente sensíveis sobre as críticas verbais e evitar o uso de rótulos como "monstro, horrível, malvado, diabo, egoísta, feio e imprestável". Cancele essas palavras do seu vocabulário quando falar com seus filhos.

Como o Divórcio Prejudica a Auto-Estima da Criança?
Além das distorções da auto-imagem da criança que o pai divorciado pode provocar, há vários outros fatores no divórcio que solapam a auto-estima do filho:

O Estigma do Divórcio
É muito errado pensar que as crianças não sentem o divórcio como um estigma só porque ele é comum hoje. Um pai, ao tentar justificar sua intenção de separar-se da esposa, ficava repetindo para mim: — Mas o Pedro (o filho) não vai sentir a minha falta. Os pais de todos os seus amigos são também divorciados.

— Que diferença isso faz? — perguntei. — Talvez seu filho sinta orgulho por ainda ter um pai em casa. O fato dos pais dos amigos dele serem divorciados não vai tornar mais fácil aceitar o seu divórcio. Pode ser até pior.

Nos círculos cristãos, o estigma do divórcio é especialmente real. Embora seja um forte defensor da manutenção do casamento, eu gostaria que as pessoas que se divorciam não fossem tão estigmatizadas em nosso meio. Alguns divórcios são inevitáveis. Nem sempre podemos controlar o que o outro cônjuge faz. Nem todo indivíduo divorciado tem culpa. Mas, a realidade é que quem se divorcia tem sempre de enfrentar alguma rejeição. Isso magoa os pais, mas faz também que os filhos se sintam envergonhados e menos dignos como indivíduos. Os amiguinhos talvez caçoem e algumas famílias podem até rejeitá-los.

A ajuda à criança que está sofrendo pelo estigma do divórcio deve concentrar-se em oferecer compreensão e dar apoio. Mostrar que sabemos como as coisas são difíceis para ela pode dar algum alívio. É importante lembrá-la de que seu valor não depende do que os pais façam ou deixem de fazer. Não subestime o poder das suas palavras de afirmação para corrigir as idéias negativas da criança.

Nos casos extremos em que a criança está sendo muito maltratada, pode ser necessário que pense em mudar-se para outra vizinhança, igreja ou escola. Essas pessoas não merecem você e procure então um lugar onde seja respeitado. Tire seu filho de um ambiente destrutivo enquanto pode. Um novo começo pode ser bom para evitar danos a longo prazo para a auto-estima de seu filho.

Dissolução da Família

Quando as famílias se separam, especialmente quando alguns filhos ficam com o pai e outros com a mãe, a estabilidade desaparece. Isto cria sentimentos de insegurança para os filhos e solapa o fundamento em que a sua auto-estima se alicerça. Quando as famílias são fragmentadas, desaparece o fator confiável de realimentação que é essencial para a formação da auto-imagem da criança. Quando há conflito no lar ou quando um dos pais está ausente, é preciso esforço extra e planejamento deliberado dos pais a fim de assegurar que os filhos recebem realimentação confiável para formar uma auto-imagem positiva.

Falta um Clima de Amor

Para desenvolver uma auto-estima sadia é preciso um ambiente no qual haja sinceridade, carinho e disposição para aceitar o fracasso. Em resumo, as crianças precisam de um clima de amor incondicional. Embora o pai possa não aprovar tudo que o filho faz, deve existir liberdade suficiente para que a criança explore novos comportamentos e até falhe, se necessário. Quando o fracasso ocorre, o amor deve estar presente para levantar a criança e, de maneira terna e instrutiva, levá-la novamente para a direção certa.

O modelo que devemos seguir aqui é claramente o que Deus faz por nós. Sem aprovar o nosso comportamento, ele está constantemente esperando para levantar-nos, curar nossas feridas, perdoar nossas falhas e ajudar-nos a começar de novo. Chamamos isto de amor incondicional de Deus e trata-se de um padrão que todo pai pode seguir na tentativa de formar a auto-estima do filho.

Antes, durante e depois do divórcio são provavelmente os períodos mais difíceis para os pais mostrarem amor incondicional, embora eu conheça pais em casamentos estáveis que também não mostram amor desta forma! Certa vez consultei um casal que tinha um casamento estável (cerca de 25 anos de casados), cuja filha de 23 anos saiu completamente dos trilhos. Depois de longa ausência a filha acabara de voltar para casa, arrependida do seu comportamento e pedindo uma oportunidade para recomeçar a vida. A resposta do pai? Ele me disse: — Meu coração não consegue perdoá-la. Estou furioso demais com o que ela fez.

Meu coração chorou por essa filha. Como a reação desse pai está longe da história do filho pródigo! Como um pai cristão pode ser tão inflexível? Será que essa atitude não foi exatamente o que gerou os problemas da filha? Penso que sim.

O pai se defendeu: — Se perdoá-la, estarei desculpando os seus atos. — Ele insistiu nesta racionalização mesmo depois de eu tê-lo lembrado de que Deus nos perdoa sem desculpar o nosso procedimento!

Enquanto conversávamos, ficou claro para mim que a verdadeira razão para os problemas dessa família estava no espírito pouco amoroso e inflexível do pai. Enquanto persistisse nesta atitude havia pouca esperança de cura, seja para as feridas emocionais da filha ou para as brechas na família.

Muitos pais divorciados apresentam tais atitudes de falta de perdão. A princípio elas se concentram no ex-cônjuge, mas aos poucos se generalizam para incluir todos em volta. A fim de evitar isto, o pai deve estar constantemente em guarda para não formar um espírito desamoroso, que não perdoa. Mesmo que os sentimentos de ira e mágoa do pai (mãe) não possam ser mudados, o seu comportamento pode, e o clima de amor resultante fará maravilhas para a auto-estima da criança.

Depressão da Criança

A diminuição da auto-estima é um dos subprodutos de toda depressão. A pessoa deprimida não só vê o mundo lá fora como sombrio e triste, como também o seu mundo interior tem as mesmas características. Isto é especialmente verdadeiro nas crianças deprimidas por causa do divórcio dos pais.

Uma menina de 14 anos descreveu para mim os seus sentimentos desta forma: "Quando meus pais me contaram que estavam se separando, eu não queria mais viver. Não sei porque, mas pensei que era o fim do mundo. Talvez estivesse com medo de encarar os amigos — não sei. O fato é que eu não queria ver ninguém nem fazer nada. O que mais me assustou é que comecei a pensar em mim mesma como sendo imprestável. Me odiava. Não sei porque, pois não tinha feito nada. Não me culpei pelo divórcio — sei que não fui a causa dele. Todavia, me sentia um verme. Não queria levantar-me pela manhã, vestir-me ou até lavar-me".

A perda de interesse na vida e em si mesmo é comum à depressão e dura enquanto ela durar. Se a depressão não for resolvida rapidamente, porém, esses sentimentos podem tornar-se parte do sistema de crença permanente da criança.

A depressão pode dar início a uma série de eventos que se tornam uma profecia autocumprida. Por exemplo, a criança talvez sinta depressão por causa do divórcio, deixe de estudar adequadamente e tenha notas baixas na escola. A perda de prestígio por causa das notas cria mais depressão e novos sentimentos de baixa auto-estima. A sua autoconfiança é abalada e ela pode ficar com medo de estudar por temer novo fracasso. Um padrão derrotista de estudos malfeitos e desempenho de má qualidade se iniciou e pode vir a tornar-se permanente se nada for feito para interromper o ciclo.

A depressão da criança deve ser resolvida rapidamente porque tem o potencial de criar outros problemas mais graves e duradouros. Vou falar disto no próximo capítulo e mostrar como as crianças deprimidas com o divórcio dos pais podem ser ajudadas.

Formação da Auto-Estima dos Filhos do Divórcio

Os dois pais devem aceitar responsabilidade pela formação da auto-estima dos filhos. Mesmo que o pai que tenha a custódia se case de novo, o cônjuge ausente continua tendo alguma responsabilidade pela participação neste processo.

Meu padrasto era bondoso, considerado e mostrava amor por mim. Na maioria dos aspectos ele era o padrasto ideal, mas jamais poderia substituir meu pai verdadeiro. Eu precisava mais da aprovação de meu pai do que da dele e nada poderia mudar isto. Um elogio de meu pai valia cem vezes mais do que os de meu padrasto. Não porque ele fosse uma pessoa melhor, mas por saber que era meu pai verdadeiro. O pai divorciado ausente não deve, portanto, subestimar o seu papel na formação da auto-estima.

Antes de estabelecer os passos importantes para construir a auto-estima, quero resumir os pontos principais do que disse sobre a mesma até agora:

- Auto-estima é o que a pessoa sente a respeito de si mesma e influi decisivamente na maneira como ela vive.
- A auto-estima é um produto da auto-imagem da pessoa, como ela se vê. Nossa auto-imagem é em grande parte determinada pelo que nossos pais dizem ou fazem; elas são os "espelhos" que refletem para a criança como ela é.
- A auto-estima elevada se baseia na crença do indivíduo, obtida da experiência, de que é digno de ser amado e tem valor. Isso exige autoconhecimento e auto-aceitação.

- O amor incondicional, o tipo de amor que Deus nos dá, cria o tipo de auto-estima mais estável.
- Presunção não é a mesma coisa que auto-estima elevada. A presunção mascara a baixa auto-estima.

Com essas diretrizes gerais como base, vamos examinar agora algumas das maneiras específicas em que a auto-estima da criança pode ser enfatizada.

Seja bondoso mas honesto na realimentação dada a seu filho.

Desde que a nossa tendência como pais é criticar para motivar a criança, nos inclinamos a ser excessivamente críticos. Isto não é realimentação honesta; trata-se quase sempre de uma distorção negativa do que a criança realmente é.

Ensine seu Filho que Ser Imperfeito é Aceitável

Ninguém é perfeito. As pessoas mais bonitas de todas são aquelas que sabem que não são perfeitas, mas que se sentem confortáveis com esse fato. Se os pais puderem modelar esta atitude, a criança terá pouco problema em formar uma auto-estima saudável.

Tenha cuidado para não comunicar, mesmo involuntariamente, padrões que seu filho não pode satisfazer.

Expectativas irreais podem fazer com que a criança se sinta sempre desajustada. Minha filha do meio teve dificuldade no primeiro ano de psicologia da faculdade. Eu não havia absolutamente percebido que ela achava que não estava satisfazendo as minhas expectativas, embora estivesse tirando notas razoáveis numa faculdade bem competitiva. Certo dia ela me telefonou da escola para falar da sua sensação de não estar correspondendo ao que considerava os meus padrões. Eu lhe disse então sinceramente que não me preocupava com as notas dela—apenas me interessava saber se ela se sentia feliz com a carreira escolhida. O alívio de minha filha foi enorme. Uma vez que compreendeu que eu não estava constantemente fazendo uma avaliação dela, suas notas melhoraram muito.

Edifique o Ego de seu Filho com Amor Incondicional

Mesmo quando o seu coração está doendo, procure mostrar amor incondicional a seu filho. Não retire o seu amor como um meio de castigo ou disciplina. Seu filho precisa e quer o seu amor. Não importa se você aprova ou não o comportamento dele. Esse amor deve ser dado incondicionalmente à criança.

Aprenda a Dar Valor às Habilidades de seu Filho

Se você valoriza os esportes e seu filho é um estudioso, é provável que esteja comunicando a sua decepção de alguma forma. Tente mudar os seus valores, a fim de que correspondam às habilidades de seu filho. É um erro forçar seu filho a ser bom em algo para o que ele não tem talento ou interesse.

Um ministro meu conhecido queria que o filho seguisse seus passos. Este desejo tornou-se uma verdadeira obsessão, ele desaprovava tudo o que o filho fazia que não estivesse associado ao seu futuro ministério.

Mas o filho não queria ser ministro. Só se interessava por mecânica de motores. Gostava de abrir motores, consertá-los e fechá-los de novo. Aos poucos abriu-se entre pai e filho uma brecha que poderia ter dividido a família. O pai foi, porém, suficientemente sensível para buscar ajuda e aprendeu gradualmente a dar valor à mecânica de motores. Ele pediu ao filho para mostrar-lhe como consertava os motores e esforçou-se para interessar-se pelo que o filho gostava.

Neste caso, o desastre foi evitado porque o pai mudou seus valores a fim de combinar com os interesses e talentos do filho. Os pais cristãos devem aprender que não podem forçar o filho a entrar num molde fabricado por eles. A criança deve participar do preparo do seu próprio molde para desenvolver a auto-estima.

Ajude seu filho a encontrar compensações para as áreas em que é deficiente.

Tenho três filhas. Duas delas têm uma habilidade natural para cantar — a terceira admite prontamente que não possui esse dom. Quando eram pequenas, não cantar bem causava tristeza a esta filha. Minha mulher e eu procuramos então explorar as outras habilidades dela. Logo descobrimos que tinha um dom natural para dançar e era uma artista talentosa. Mudamos nossos valores para incluir também as habilidades dela e em breve minha filha do meio começou a progredir a seu próprio modo. Se não tivéssemos ajudado nossa filha a encontrar essas compensações, estou certo de que ela teria ficado com inveja das outras duas irmãs e saído de casa sentindo que era inferior a elas. Como as coisas se desenvolveram, ela não tem tais sentimentos.

Corrija o Auto-Conceito Distorcido pelos Companheiros

As crianças podem ser muito cruéis umas com as outras. Uma criança diferente — seja na aparência ou capacidade — pode ser tratada maldosamente pelas outras. Fique alerta em relação a esta crueldade e corrija os danos que provoca. Você pode dizer a uma criança: "É verdade que você não é um aluno brilhante, mas há outras coisas importantes que pode fazer". Ou: "Sei que as crianças provocam você porque arrasta a perna, mas isso é por terem medo de que o mesmo possa acontecer com elas, tente não levá-las muito a sério". A caçoada é muitas vezes uma defesa contra o medo de que o provocador possa sofrer o mesmo destino. Se a criança souber disto, ela pode encarar a provocação pelo que realmente é. Mais cedo ou mais tarde, o medo passa e a caçoada é esquecida.

Ensine seu filho que os valores espirituais criam a verdadeira beleza interior.

Quaisquer que sejam as nossas imperfeições, é Cristo que nos torna inteiros. A pessoa que se sente totalmente auto-suficiente e perfeita é que não tem necessidade de Deus. Nossos filhos, se forem ensinados corretamente, não devem temer as suas imperfeições, mas aceitá-las como parte de quem são e aprender a superá-las. Paulo nos conta que quando orava para que a sua imperfeição fosse removida (ele a chamava de "espinho na carne"), Deus lhe disse: "A minha graça te basta, porque o poder se aperfeiçoa na fraqueza" (2 Co 12.9).

Nenhuma auto-estima é completa sem a inteireza que Cristo traz. Sem esta inteireza somos sempre incompletos, totalmente imperfeitos. A completa auto-aceitação é quase impossível sem a suficiência que vem do conhecimento de Deus. Isto se aplica às crianças e também aos adultos!

10

A depressão e o filho do divórcio

Pedro tem nove anos. Sua mãe e sua professora estão preocupadas porque ele não está progredindo de acordo com seu nível de idade. Um ano antes ia tão bem na escola que foi colocado numa classe especial para alunos superdotados. Todos na escola acham que Pedro é uma criança com habilidade superior e estão perplexos ao ver como suas notas baixaram nos últimos seis ou oito meses. Nem mesmo Pedro consegue entender. Ele sabe que é esperto, então por que não está progredindo?

Parece que Pedro não tem mais energia para fazer nada. Ele não prepara as lições de casa há semanas. Só fica sentado, olhando para os livros. Ele antes costumava acabar depressa os deveres e até gostava. Agora se sente como um zumbi.

Pedro começou também recentemente a introverter-se. Ele se recusa a participar dos eventos escolares e não conversa com os amigos. Quando um deles pergunta: — O que aconteceu, Pedro? — ele responde zangado: — Não me amole. Não quero falar com você! — Até ir à escola tornou-se difícil. A mãe tem de forçá-lo a sair da cama e quase precisa carregá-lo para a escola. Ele resiste a toda estratégia para motivá-lo e freqüentemente resmunga: — Gostaria de estar morto.

O que há de errado com Pedro? Será que foi acometido de alguma doença estranha? Está mostrando os primeiros sinais de um distúrbio mental grave? Sua mãe ficou com medo e o levou para consultar um especialista em problemas da infância. Os exames e os testes mostraram que ele tem de fato inteligência superior, mas um desempenho muito abaixo do nível da sua capacidade. Foi também revelado que estava extremamente triste. Letárgico, é o que o psicólogo disse. Pedro experimentava igualmente muita insegurança e desmotivação. Em resumo, ele sofria de uma grave depressão reativa — nome dado a essa forma de depressão que é uma resposta a uma perda importante. É a mesma depressão que experimentamos quando morre alguém que amamos.

O que provocara a depressão de Pedro? Algumas perguntas pessoais dirigidas à mãe revelaram rapidamente a causa. Seis meses antes, o pai de Pedro começou a fazer ameaças de ir embora de casa. De vez em quando a princípio, mas depois com maior freqüência, os pais de Pedro começaram a brigar. Nem todas as brigas ficaram confinadas a gritos mútuos, algumas acabaram em agressões físicas.

A cada briga, o pai ameaçava: — Vou divorciar-me de você, espere só para ver. — A isto a mãe respondia: — Faça o que quiser, não me importo. — Eles não deram atenção ao efeito que o conflito estava tendo sobre o filho.

O pai de Pedro saiu finalmente de casa e pediu o divórcio. Esse foi o golpe final para o garotinho e nenhum dos pais compreendeu que os problemas do filho estavam ligados às brigas e ao fim do casamento deles.

O Divórcio como um Gatilho da Depressão

Todo casamento infeliz, e não só os que se encaminham para o divórcio, coloca uma tensão emocional sobre os filhos. A lei em vigor aqui é muito simples: Quanto maior o conflito, tanto maior a tensão emocional.

A tensão *não* é causada apenas pela separação e o divórcio. A casa dividida, as pressões que levam à separação e os eventos que se seguem, todos contribuem com a sua quota.

Alguns pais continuam desesperadamente casados por acreditarem que as crianças não são afetadas pelo conflito entre eles. Posso entender este desespero. A culpa que sentem é esmagadora, mesmo que toda essa culpa não tenha realmente razão de existir. Os lares infelizes tornam os filhos infelizes e todo divórcio causa danos, a não ser que algumas providências corretivas sejam tomadas. O objetivo deste livro é ajudar os pais divorciados a diminuírem esses danos.

Que forma o dano emocional toma? Isto depende da personalidade e saúde emocional dos filhos e do comportamento dos pais em relação a eles. Algumas crianças desenvolvem problemas de ira ou distúrbios nervosos severos. Outras passam a ter insônia ou dificuldades com a ira. A maioria adoecerá fisicamente em algum ponto, enquanto outras se tornarão mais tarde rebeldes.

Qualquer que seja o resultado específico do distúrbio emocional, quase toda criança vai experimentar um certo grau de depressão. Para algumas — como no caso do pequeno Pedro — a depressão será suficientemente severa para representar o principal foco do seu distúrbio. Pedro terá dificuldades com a depressão pelo resto da vida se algo não for feito para ajudá-lo!

Não é meu propósito aqui tratar de todos os aspectos da depressão. Fiz isto em outro livro. (Veja *Dark Clouds, Silver Linings*, Focus on the Family.) (*Nuvens Negras, Bordas de Prata*, Foco na Família.) Creio, entretanto, que os pais divorciados precisam entender como a depressão se instala nos filhos do divórcio. Mais importante ainda, os pais, avós e professores devem poder reconhecer a depressão nas crianças e saber como lidar com ela.

Como a Perda Causa Depressão?

O tipo de depressão com o qual nos preocupamos aqui é geralmente chamado de depressão reativa. É a depressão que sentimos como resposta a uma perda grave ou até à ameaça de perda.

A maioria dos adultos teme a depressão por não compreendê-la. Existem realmente certas formas de depressão tão graves (gostaria que houvesse outro nome para elas, para que não ficássemos tão confusos!) que causam medo. De modo paradoxal, porém, essas depressões severas são as mais fáceis de tratar. Sua natureza é geralmente bioquímica e reage bem aos antidepressivos. As depressões reativas não respondem bem, se é que respondem, aos medicamentos e são, portanto, mais difíceis para nós.

Quero enfatizar desde o início este ponto importante: *Somos destinados a sofrer de depressão reativa.* Não se trata de acidente e não somos fracassos por nos entristecermos. Essa é a maneira como fomos feitos por Deus para tratar com as perdas da vida. A Bíblia nos diz: "Tudo tem o seu tempo determinado, e há tempo para todo propósito debaixo do céu". Há especialmente, "tempo de chorar e tempo de rir; tempo de prantear e tempo de saltar de alegria" (Ec 3.1,4). A depressão reativa está ligada ao luto. É a depressão que nos ajuda a aceitar a nossa perda.

A depressão é, portanto, parte do processo do luto. Estar de luto é mais do que apenas ficar triste por causa de uma perda, inclusive a morte, mas é não obstante uma depressão. É a resposta normal que todos estamos destinados a sofrer quando algo que amamos é arrancado de nós. Pense um pouco. É isto exatamente que todo filho do divórcio sente — a perda do que ele amava acima de tudo: uma família unida e dois pais morando na mesma casa.

A depressão é a maneira da natureza ajudar o corpo e a mente a se ajustarem à perda. Ela nos ajuda a encontrar meios de continuar vivendo sem a pessoa ou objeto amado que foi agora removido.

Por que o divórcio causa depressão na criança? Porque cria uma perda de várias coisas consideradas como valiosas ou essenciais. A partida de um dos pais (geralmente o pai) é uma perda pessoal profunda para a criança. Há também outras perdas significativas e iremos examiná-las mais tarde neste capítulo.

Qual o Propósito da Depressão?

Esta pergunta me intrigou durante muitos anos. Estou convencido de que a depressão, como muitas emoções, tem funções importantes se for permitido que percorra naturalmente o seu curso. Quais são essas funções?

Se examinarmos os principais sintomas da depressão, veremos que juntos eles servem para proteger-nos. Não são acidentais, mas destinados por um Criador inteligente a proteger-nos em tempos de perda.

Quais os principais sintomas? Primeiro, letargia profunda—perda de energia. Segundo, perda de interesse nas atividades normais. Terceiro, tristeza profunda. Todos estes sintomas têm o efeito de nos tornar mais lentos e fazer com que percamos o interesse pelo nosso ambiente. Isto nos força a recuar para um ponto onde possamos reagrupar, avaliar a perda, e deixar depois que se vá, voltando novamente ao funcionamento normal. Em suma, a depressão ajuda o processo do luto. Sem ela não poderia haver tristeza.

Entendemos isto bem quando alguém morre. A morte de um ente querido é sempre penosa e nossa tristeza é um pedido para nos ajustarmos à perda. Para a criança, ou para um dos pais, o divórcio corresponde à morte. É a morte da família intacta e pode criar uma sensação de perda e depressão tão grande quanto uma morte real. Os sintomas da depressão forçam a criança a retrair-se do mundo, a fim de poder lidar com a perda. A depressão não é um intruso nesse caso, mas sim o processo mediante o qual se obtém a cura. Esta a razão dos pais precisarem saber como ajudar a criança durante a depressão e não como evitá-la.

O divórcio é, de muitas formas, pior do que a morte. A morte é final, reversível. Você é forçado a enfrentar a finalidade da morte e isto força a depressão e a tristeza sobre você, o que na verdade o ajuda a recuperar-se mais depressa. No divórcio, a criança é confrontada por uma perda, mas que na verdade não é uma perda. Um dos pais vai embora, mas realmente não vai; na maioria dos casos, o pai que saiu passa a morar na vizinhança. O processo de luto começa, mas não termina. A perda continua, mas a criança pode ainda esperar uma reconciliação.

Por causa deste estado de vai-e-volta, o filho do divórcio é submetido a uma série contraditória de perdas e não-perdas. Este é o pior tipo de luto que o ser humano pode experimentar; portanto, não nos surpreende que a depressão seja tão comum entre os filhos do divórcio e que ela deixe tantas vezes cicatrizes permanentes.

As Outras Perdas no Divórcio

Seria um erro pensar que a perda de um dos pais seja a única perda importante sofrida pela criança. O divórcio precipita muitas perdas. Para complicar ainda mais as coisas, não há duas crianças que experimentem essas perdas do mesmo jeito. Para ajudar uma criança durante uma depressão reativa, é importante descobrir exatamente que aspecto do divórcio a fez vestir luto. Ele não é o mesmo para todas.

Que outras perdas são representadas na separação de uma família?

1. Algumas vezes há a perda dos outros irmãos, como quando os filhos são divididos entre os pais.
2. Perda do lar "ideal". Um lar intato com os dois pais presentes tem um significado simbólico importante para os filhos. Esse é o seu estilo de vida ideal e preferido.
3. Perda da esperança para o futuro. As crianças estão sempre cheias de expectativas sobre como os pais irão se encaixar no seu futuro. Elas sonham com isso! O divórcio destrói essas expectativas.

4. Perda da segurança financeira. A maioria dos maridos começa o processo do divórcio dizendo: — Não se preocupem. Vou cuidar de todos vocês. Vão ter tudo que precisam. — Mas, no final é quase sempre: — Isto vai sair muito caro e não sou um milionário, vocês vão ter de apertar o cinto. Para a maioria dos filhos, o divórcio significa uma queda no padrão de vida. O pai sozinho, divorciado, é a nossa mais nova classe baixa! Isto pode causar muita insegurança nos filhos envolvidos.
5. A perda mais triste de todas para os filhos é a perda da fé nos pais. Eles se sentem traídos. É como se estivessem dizendo: — Vocês me trouxeram a este mundo e me levaram a crer que era desejado e que me dariam amor e uma vida segura. Tornei-me vulnerável a vocês e agora atiram esta bomba sobre mim. Estão me fazendo sentir como se fosse um intruso.
6. A perda da fé nos pais pode tornar-se uma perda da fé em Deus. — Orei para que Deus ajudasse a salvar nossa família, mas ele não ouviu. Não creio que haja um Deus!

Há várias outras perdas, mas o espaço não permite que eu liste todas. Pelos exemplos dados, o pai deve ser capaz de identificar outras perdas específicas que a criança está experimentando. Por exemplo, lembro-me de que depois do divórcio de meus pais senti agudamente a perda da oficina de meu pai e de passar tempo com ele consertando ou construindo algo. Eu só tinha 12 anos, mas gostava de fazer coisas na companhia dele. Todas as afirmações de meu pai de que a oficina estaria sempre lá não me ajudaram. O fato é que eu não mais tinha a impressão de pertencer àquele local. Depois do divórcio, eu seria sempre um visitante!

Os Sinais da Depressão Mascarada

Por ocasião do divórcio dos pais, quase todas as crianças ficam depressivas até certo ponto. Mas as crianças nem sempre mostram ou experimentam depressão da mesma maneira que os adultos. Elas podem ser jovens demais para terem aprendido maneiras apropriadas de expressar a sua tristeza. Em vista da sua experiência de vida mais limitada e fisiologia um tanto diferente, as crianças com freqüência manifestam a depressão na forma de rebeldia, negativismo, ressentimento e ira. Estas atitudes são chamadas de mascaradas, significando simplesmente que algo está mascarando uma depressão mais profunda, subjacente. Os pais nem sempre percebem o problema real, por se concentrarem na máscara.

Um caso recente é um bom exemplo. Sandra (não é o nome verdadeiro) era uma jovem atraente de 16 anos, embora um tanto acima do peso, que prometia bastante como musicista. Filha única, ela era conscienciosa em sua dedicação à música; dominara o piano e pretendia ser professora de música no futuro. Namorava um pouco, mas no geral não dava muita atenção aos rapazes. Sandra conhecia as suas prioridades.

Mas então o divórcio caiu como um relâmpago! Sem aviso prévio o pai comunicou sua intenção de deixar a casa. Segundo as aparências, Sandra aceitou a notícia calmamente e sem muita perturbação emocional. Pouco depois, porém, ela abandonou o piano. Os rapazes se tornaram a sua obsessão.

Seis meses se passaram até que a bomba real explodiu. A mãe de Sandra descobriu acidentalmente que a filha engravidara, mas fizera um aborto. Como é natural, a mãe ficou arrasada. Conversando com algumas das amigas da filha, ela soube que Sandra se tornara sexualmente promíscua. Este foi aparentemente o meio da garota manifestar sua forte reação ao divórcio iminente dos pais.

Nos meses de psicoterapia que se seguiram, Sandra começou a revelar suas emoções mais profundas e a depressão mascarada em seu comportamento rebelde e promíscuo finalmente emergiu. A representação de Sandra cessou. Ela estava agora em contato com seus verdadeiros sentimentos; podia começar a trabalhar neles e mover-se em direção à cura emocional.

As crianças mascaram sua depressão de várias maneiras. Elas podem regredir e voltar a molhar a cama ou tornar-se iradas e atacar os irmãos ou amigos. Podem agarrar-se novamente ao pai (mãe) e recusar-se a sair de perto dele. Outras máscaras da depressão são o mau desempenho na escola e pedidos insistentes de explicação para o que está acontecendo.

Embora menos freqüente, mas servindo também de máscara para a depressão, está a mentira, contar histórias exageradas e até estranhas, masturbação obsessiva ou declarada, e esconder comida. Estes alimentos escondidos, no geral encontrados já podres no fundo do armário, são também um sinal de reação de ansiedade severa.

Os Sinais da Depressão

Quando a depressão é experimentada mais diretamente, fica muito mais fácil reconhecê-la. Entre os sinais mais importantes da depressão temos os seguintes:

1. A criança parece triste e infeliz, mas não se queixa necessariamente de infelicidade.
2. A criança está "devagar" física e psicologicamente.
3. A criança perde o interesse em todas as atividades normais e dá a impressão de estar aborrecida ou doente. Isto quase sempre leva o pai a acreditar que talvez tenha alguma doença oculta.
4. A criança pode começar a queixar-se de dores de cabeça, desconforto abdominal, ou insônia. Ela pode perder o apetite e recusar-se a comer ou ficar preocupada com a alimentação e comer demais.
5. A criança parece descontente e dá a impressão de que nada irá agradá-la. Ela pode culpar outros por isso, queixando-se de que "ninguém liga pra mim" e projetando sentimentos de que é rejeitada pelos pais, irmãos e amigos.

6. A depressão é causada e é a causa de muita frustração. Esta frustração pode tornar a criança irritada, mal humorada e demasiado sensível. A menor provocação pode desencadear uma reação exagerada de ira.
7. A criança começa a usar palavras de auto-rejeição. Ela diz coisas como: "Não presto para nada". Tais comentários indicam auto-rejeição, ódio por si mesma e auto-punição.

Estes sinais de depressão podem aparecer em diferentes combinações e variar de tempos a tempos na mesma criança. Um exemplo típico de uma reação depressiva bem definida, ocorreu em Billy, um garoto de 13 anos, cuja mãe era de descendência coreana e havia casado com seu pai quando ele estava no exército.

Pouco depois dos pais de Billy terem dito a ele que iam se separar, o menino caiu em depressão. Na expectativa do que ia acontecer, Billy perdeu todo o interesse nos amigos, brinquedos, e atividades recreacionais. Ele sempre fora um surfista entusiasmado e passava muitas de suas horas livres na praia, mas isso também cessou quando a separação foi anunciada.

A fim de animar o filho, o pai de Billy ofereceu-se para passar um dia na praia com ele. O menino aceitou com relutância, mas quando se sentaram na areia ele recusou-se a entrar na água, dizendo que tinha medo de que alguma coisa terrível acontecesse. O pai ficou zangado com a recusa de Billy em surfar e o garoto pegou então relutantemente a prancha e entrou na água para pegar algumas ondas simbólicas.

Em casa, Billy parecia emburrado e melancólico. Nunca sorria nem ria. Em vista da notícia da separação ter sido feita pouco antes das férias, os pais pensaram que ele iria recuperar-se rapidamente ao participar das atividades do verão. Logo se decepcionaram! Billy começou a levantar-se cerca das dez horas da manhã, descendo para tomar café e assistir

TV e depois subindo novamente tarde da noite. Ele não tinha energia nem interesse em fazer nada. Falava muito pouco e parecia estar constantemente triste.

A perda iminente do lar, do pai e do ambiente estável foi demais para Billy. Seus sistemas psicológico e fisiológico fizeram o que estavam destinados a fazer: entraram no processo do luto. Mas ninguém percebeu que ele estava profundamente deprimido e que tinha direito a tal reação! Foi acusado de ser um "menino difícil" e seus sentimentos ignorados.

Ajudando Seu Filho Durante a Depressão

Todo pai deve ser capaz de ajudar o filho a lidar com a depressão.

Essa deveria ser uma habilidade ensinada desde o jardim-da-infância, para que as crianças possam crescer compreendendo que a vida contém um potencial de perda e que todos devemos saber como enfrentar o período de luto.

Embora as reações mais severas à depressão devam ser tratadas por um profissional, diversas reações depressivas podem ser adequadamente tratadas por pais carinhosos. Se o seu filho não responder às suas tentativas de ajudá-lo em algumas semanas, você deve procurar o auxílio de um profissional. Fazer isto não reflete negativamente sobre você como pai. Você não é um fracasso por buscar ajuda externa. Na verdade, é necessário um pai mais interessado e amadurecido para reconhecer os seus limites e procurar ajuda!

Estes são os passos essenciais para ajudar seu filho a lidar com a depressão:

Tente Ver a Perda do Ponto de Vista da Criança

Não minimize ou faça pouco dela. Tente compreender o que seu filho está sentindo. Isto pode ser penoso porque só irá aumentar os seus próprios sentimentos de culpa; mas, a não ser que faça isso, as coisas vão piorar.

Por exemplo, não ajuda se a mãe disser ao filho: — Não acho que a partida de seu pai seja assim tão importante. Ele nunca tratou você com bondade, por que está tão perturbado? — Essa atitude, por mais verdadeiros que sejam os fatos, só comunica à criança que você não compreende. Para ela, a perda é muito real e grave. Se tentar dilui-la, a sua sinceridade será posta em dúvida.

Os pais diferem na sua habilidade para interpretar o mundo da perspectiva do filho. Alguns são bons nisso enquanto outros não conseguem. Se suspeitar que está interpretando sempre errado o mundo de seu filho, peça a outrem que lhe diga como ele é e não confie na sua própria percepção.

O problema pode ser ainda mais complicado por uma tendência que muitas crianças têm de ocultar o que realmente sentem, mesmo de si mesmas. Perguntei a uma mãe que estava se divorciando como ela achava que sua filha de 15 anos estava aceitando o fato.

— Muito bem — respondeu ela. — Está mais amável comigo do que antes. Acho então que tudo vai bem com ela. Não pode ter sentimentos conflituosos se consegue ser tão gentil comigo.

Quando encontrei a filha, porém, ela derramou sobre mim toda a sua profunda infelicidade emocional. Seu sofrimento era genuíno. Quando mencionei o comentário da mãe, a filha respondeu: — É claro que a trato bem. Quero protegê-la. Não quero que saiba como estou me sentindo realmente.

Nota zero para a compreensão da mãe! Ela se satisfez em aceitar literalmente as palavras da filha porque era isso que queria ouvir. Não entendeu absolutamente os verdadeiros sentimentos dela.

Aceite a Depressão da Criança Como uma Reação Normal

Por "aceite", não quero dizer que ignore. Só não tente removê-la ou encurtá-la.

O que geralmente acontece é que a depressão da criança provoca sentimentos de culpa no pai que então, para aliviar a culpa, tenta fazer com que o filho deixe de ficar deprimido.

— Vamos, saia dessa, não é o fim do mundo! — é uma resposta muito comum. Mas isto só aumenta a depressão porque faz a criança sentir-se ainda mais censurável.

Se ficar triste é uma reação normal à perda severa, e realmente é, será então natural que seja permitido a seu filho um período de luto para ajustar-se a essa perda. A tristeza leva tempo para desaparecer e é melhor tratada num contexto de apoio e compreensão.

Ajude seu filho a experimentar a depressão o mais plenamente possível.

Este é o passo que realmente amedronta os pais. Sempre que dou este conselho, quer aos pais ou aos parentes de pessoas deprimidas, observo uma reação de espanto: — Mas não devemos resistir à depressão? Se permitirmos que a criança fique deprimida, não estaremos prolongando a tristeza?

Minha resposta é perguntar a eles o que fariam se o pai da criança tivesse morrido. — Claro, deixaria então que ficasse deprimida porque isso ajudaria a curar a tristeza. — Fiquem sabendo, pois, que o divórcio corresponde praticamente à morte para a criança!

Como cultura, temos de compreender a importância de permitir o processo de luto em todas as perdas e não apenas naquelas associadas à morte. Dê espaço ao enlutado. Permita os sentimentos de depressão. Precisamos sentir nossa dor, porque isto faz parte do processo do luto. Seja então paciente e dê a seu filho espaço para trabalhar no seu luto. A tristeza de um filho do divórcio precisa de encorajamento cuidadoso e ajuda como qualquer outro luto.

Evite Perpetuar a Depressão

Enfatizei que é normal e natural para uma criança experimentar um período de luto durante e depois do divórcio. Em teoria, existe um período de tempo apropriado que deve ser permitido para esta depressão e as crianças diferem em sua capacidade de sofrer com a perda.

Quanto tempo deve durar? Não há regras rígidas. Se for permitido que a criança passe por todo o processo do luto, ela irá completá-lo no menor tempo possível.

O problema é que muitos pais são impacientes. Eles não dão tempo adequado para o luto da criança. Ou, é possível que a própria criança relute em entristecer-se. De muitas formas, portanto, o processo da tristeza é interrompido e perdas secundárias criadas. Por exemplo, a criança se sente rejeitada por não estar fazendo o que o pai ou a mãe disseram que deviam fazer. Esta rejeição é em si mesma outra perda e provoca mais depressão. A depressão da criança continua então por mais tempo e é mais grave do que iria durar de outra forma.

Paulo tinha 10 anos quando seus pais se divorciaram. Tanto Paulo como a mãe ficaram profundamente deprimidos. Sempre que Paulo estava perto da mãe e mostrava a sua depressão, a mãe o castigava. Ela fazia isto parcialmente porque o filho refletia de volta para ela a sua própria reação, mas também por estar preocupada com a sua própria tristeza e a depressão de Paulo era um peso a mais para ela. Paulo, portanto, não podia mostrar tristeza perto da mãe. Ele tentou colocar um sorriso corajoso no rosto, mas desde que ela era a única que poderia dar-lhe o consolo que precisava, não podia entristecer-se de forma sadia.

Paulo então afastou-se da mãe, experimentou isto como outra perda, e caiu numa depressão ainda mais profunda e prolongada.

O castigo e a ira dos pais pode facilmente prolongar a depressão da criança, assim como o medo e a insegurança.

As próprias crianças também perpetuam a sua depressão. A imaginação delas, alimentada pelo medo, pode exagerar as perdas do divórcio.

Se a criança não for mantida em contato com a realidade, a depressão pode facilmente agravar-se com toda sorte de perdas imaginárias. Os pais precisam prover afirmação, mas é também essencial que a informação exata seja dada. Isto ajuda a impedir que a imaginação da criança dispare.

Ajude seu Filho a Aceitar a Realidade da Perda

Seja sincero e franco. Falar coisas vagas e fazer insinuações só alimenta os temores imaginários. Sem ser cruel, ajude gentilmente seu filho a aceitar a realidade do divórcio. Isto pode parecer intensificar inicialmente a depressão, mas irá na verdade acelerar o processo do luto.

O problema é muitas vezes dos pais. Se for difícil para um pai aceitar a realidade da perda, esse pai irá naturalmente ter dificuldade em ajudar o filho a aceitá-la. Verifique então se você está também enfrentando a realidade.

A tarefa de ajudar a criança a aceitar a realidade não é tão fácil quando se trata de crianças muitos pequenas. Ela fica perguntando: "Onde está o papai?" ou "Onde está a mamãe"? Essas perguntas devem ser respondidas com sinceridade e brandura: "O papai não mora mais aqui, mas ele vem ver você logo e voltará muitas vezes". Não é fácil ser assim direto, mas é melhor no final das contas.

Construa Uma Nova Perspectiva Sobre a Perda Para a Criança

Uma das principais funções da depressão é dar-nos tempo para desenvolver uma nova perspectiva sobre as nossas perdas. Sem ela, seríamos deixados com montões de perdas não choradas.

Lembro-me claramente de quando meus pais se divorciaram, meu pensamento mais triste foi compreender que nossa família não mais visitaria a casa de campo de meus avós nas férias. Eu gostava demais das três ou quatro vezes no ano em que viajávamos mais de cem quilômetros para visitar meus avós, passando muitas vezes as férias todas com eles. Jogávamos todos juntos à noite, ouvíamos as notícias no rádio de ondas curtas do vovô e colhíamos tomates frescos na horta enorme, onde só eram usados fertilizantes naturais. Os figos da enorme árvore atrás da casa eram gigantescos e mais doces do que açúcar. Até a lembrança deles me dava água na boca!

Mas agora tudo iria mudar e eu não sabia como seriam as coisas. Desde que eles eram meus avós paternos, minha mãe me deixaria visitá-los? Mesmo que deixasse, eu achava que as visitas nunca mais seriam as mesmas. Algo tinha morrido!

Penosa e lentamente me adaptei a esta perda. Meu avô me assegurou que continuaríamos a visitá-los e ficar com eles nas férias escolares, mas tínhamos de fazê-lo sem nossa mãe e isto doeu.

O que fez a diferença, finalmente, foi a compreensão de que o mais importante era estar com meus avós, especialmente meu avô, de quem gostava muitíssimo. Isto me libertou para sentir a perda de uma nova maneira, minha perspectiva mudou e isso trouxe cura.

Um meio importante de ajudar as crianças a desenvolver uma perspectiva sobre a perda é permitir que falem sobre ela. Isto ajuda a esclarecere o que estão pensando. Quando sofremos temos de falar sobre a perda, a fim de reviver as experiências e saborear as emoções do passado. Fale com qualquer viúva e verá que seu tópico favorito de conversa são as experiências passadas com o marido que morreu.

Durante algum tempo então, a criança pode querer passar bastante tempo falando sobre o pai ausente ou em episódios divertidos antes do divórcio. Por mais difícil que seja para os pais, esta é uma parte importante para o processo do luto e não deve ser desencorajado.

Uma das maiores bênçãos que Deus nos dá como seus filhos é a habilidade de mudar nossa perspectiva sobre as tragédias da vida. Conhecer Deus em Cristo deve fazer diferença na maneira como vemos as catástrofes. Quando os pais têm fé e valores cristãos, os filhos serão beneficiados. Apesar do horror da tragédia, tente ver o seu divórcio sob uma nova perspectiva. Creia que Deus irá ajudar você a preparar o seu futuro. Desta forma a depressão de seu filho será grandemente aliviada e ele se sentirá seguro de que você sabe que Deus continua no Seu trono e governa o Seu reino, e que este governo abrange também a sua tragédia. O seu divórcio não tira Deus do trono. Pelo contrário, ele manifesta o Seu poder e libera a Sua cura de novas maneiras.

Ore com Seu Filho

A oração traz cura. A oração mantém a nossa sanidade. A oração nos ajuda a ver as coisas do modo de Deus. Ore então com seu filho. Não ore *por* ele, que é freqüentemente como oramos com nossos filhos. Fazer isso é ser condescedente e não promove a edificação da fé.

Imagine um pai orando: "Senhor, ajude o Carlinhos a superar a sua tristeza. Se ele fosse um menino melhor não estaria se sentindo assim tão mal. Faça então que ele seja um bom menino e não chore mais". Eu conheço esse Carlinhos. Sua mãe orou muito com ele. Ele tem agora 55 anos e é um executivo graduado, mas odeia a mãe pelo modo como o tratou em seu zelo para que "Deus entrasse na sua vida e acabasse com o seu choro".

Qual a verdadeira mensagem que ela lhe enviou? Deixou implícito que estava deprimido por ser mau e não por ter perdido o pai. Também recebeu a mensagem de que era culpado pela dissolução do lar — um peso terrível para a consciência de alguém tão jovem. Ore então com seu filho deprimido, mas ore com sabedoria e sensibilidade. Ore para que vocês dois tenham força suficiente para receber os golpes da vida com graça. Ore pedindo compreensão e paciência. Ore para que a paz de Deus encha suas vidas e para que Ele lhe mostre como ser amoroso e perdoador com aquele que o magoou. Ore para que possa comunicar uma compreensão profunda e genuína dos sentimentos de seu filho. Cada criança irá receber cura através dessas orações e, ao mesmo tempo, encontrará um sentimento mais profundo de confiança em Deus.

Sugestões Úteis

Ao terminar minha discussão sobre a depressão e os filhos do divórcio, estou apresentando abaixo uma lista de sugestões úteis que podem evitar que a depressão de seu filho se agrave.

1. Arranje distrações para seu filho, especialmente durante o estágio de convalescença da depressão. No momento em que pareça que ele está começando a melhorar, leve-o numa viagem, arranje um novo passatempo, ou aumente privilégios.
2. Estabeleça regras que possa implementar de maneira coerente, usando uma disciplina branda. O pai (mãe) não pode permitir que o filho o manipule. Compreender que a criança requer limites claros e regras coerentes, apesar da depressão, pode evitar complicações catastróficas quando ela "já foi longe demais".
3. Tenha cuidado com o que diz perto de seu filho. Vigie a sua boca. Sem perceber, você pode tornar as coisas ainda mais difíceis para ele. Certa vez ajudei uma mãe que estava em pânico porque o marido ameaçava deixá-la. "Veja como você se comporta, o papai pode ir embora", era a mensagem constante dela para o filho. Declarações deste tipo colocam um peso absurdo de culpa e responsabilidade sobre a criança e devem ser evitadas a todo custo.
4. Respeite os direitos do outro pai. Aceite que seu filho necessita do amor e de continuar amando o outro pai. Sabotar isto cria uma sensação maior de perda e, portanto, mais depressão em seu filho. A criança fica emocionalmente mais saudável quando há um mínimo de conflito entre os pais divorciados.

11

O seu ex-cônjuge continua sendo um pai

Toda criança tem o direito de continuar vendo e amando os dois pais. O divórcio não muda este aspecto. Isto é crucial para o desenvolvimento da criança após o divórcio. Não importa quão profundamente você tenha sido magoado, rejeitado, abusado, ou caluniado, e não importa também quão culpado o outro cônjuge seja pelos maus-tratos infligidos a você, este direito deve ser sempre protegido.

Nem todo pai divorciado quer, infelizmente, ouvir isto. Eles preferem que o filho não continue a ver e a amar o outro pai. De fato, num esforço para magoar o parceiro e vingar-se, o pai fará o máximo para colocar obstáculos entre o ex-cônjuge e a criança. Evidência abundante pode ser encontrada nas histórias publicadas em qualquer jornal local!

É claro que isto é destrutivo para a criança. Eu afirmaria que é também destrutivo para o pai ressentido. Sempre que você interfere com o direito básico de amar os dois pais, surge um potencial de grandes danos emocionais para todos os envolvidos. De fato, as batalhas em relação à custódia e aos direitos de visita provocam o mesmo tipo de dano causado por qualquer outro aspecto do divórcio.

Todo psicólogo ou conselheiro, depois de uma curta prática, pode contar histórias de horror sobre esse dano. Em alguns divórcios, *todo* o mal pode ser atribuído a este fator.

Por que os pais fazem isto? Estou certo de que o pai comum não quer prejudicar deliberadamente seu filho. Vamos dar então ao pai comum o benefício da dúvida e dizer que quando eles fazem algo prejudicial, a causa é geralmente a ignorância. Eles estão às vezes sofrendo tanto e têm tantos problemas, que não conseguem pensar o que é melhor para os filhos.

Lamentavelmente, para alguns não é só ignorância. A necessidade de retribuir quando magoados, faz parte da natureza humana. No divórcio, os filhos são freqüentemente as armas relutantes usadas pelos pais que tentam ferir-se mutuamente. A vingança é doce para muitos!

Sem a obra redentora de Cristo em nossas vidas, não podemos escapar deste impulso natural de vingança. O pecado se incumbe disso. Mesmo que proibíssemos as guerras pela custódia nos tribunais e forçássemos o casal a continuar cuidando das crianças, os pais iriam encontrar mesmo assim maneiras de magoar um ao outro por meio dos filhos.

Isto não quer dizer que não haja ocasiões legítimas em que a custódia tenha de ser batalhada. Ocasionalmente, não sendo tão freqüente como alguns gostariam de crer, um dos pais não tem condições de cuidar dos filhos. Mas os pais devem esforçar-se ao máximo para levar em consideração as necessidades dos filhos acima das suas próprias. Em diversos casos a batalha pela custódia não passa de estratégias de vingança pessoal!

O que mais me perturba sobre essas batalhas é o fato dos pais cristãos não se comportarem freqüentemente melhor do que os que os precederam. Eles também se envolvem em guerras pela custódia, não por consideração aos filhos, mas para vingar-se, e interferem assim com o direito da criança de amar e ter livre acesso aos dois pais. Posso aceitar que isto aconteça entre os incrédulos, mas os crentes não têm desculpa para prejudicar os filhos desta forma!

A Importância dos Pais Verdadeiros

Creio que existe um acordo universal entre os conselheiros de que os fatores mais cruciais que contribuem para um bom reajuste dos filhos do divórcio são um ambiente estável, amoroso e um relacionamento contínuo com *os dois pais* verdadeiros. Se houver um mínimo de atrito e se a tensão for dissipada por meio de um espírito de perdão.

Uma exigência excessiva? Claro que sim! Difícil para a maioria dos pais? Pode ficar certo que é! Mas é o que é esperado e possível para o pai cristão que se apropriou dos recursos de perdão e cura acessíveis mediante Jesus Cristo. De fato, eu diria que este deve ser o objetivo de todo casal cristão que esteja planejando divorciar-se, por qualquer razão. Se não conseguiu fazer seu casamento dar certo, então, pelo menos, tente fazer o seu divórcio funcionar. Empenhe-se em fazer o melhor para seus filhos.

Paulo e Cíntia, um casal cristão, no final da casa dos trinta, estavam tendo problemas no casamento. Diferenças graves de personalidade e incapacidade para resolver seus conflitos, levaram Cíntia a pedir finalmente o divórcio. Paulo ficou arrasado e muito triste. Com a sua personalidade basicamente insegura, ele tinha medo de ser rejeitado e ficar sozinho. Temia não poder construir um novo casamento com outra pessoa algum dia.

O pastor de Paulo e Cíntia trabalhou com eles para tentar salvar a união, mas sem sucesso. Ele os enviou então a um conselheiro matrimonial que também não teve êxito em resolver o impasse.

Cíntia exigiu que Paulo saísse de casa e ele não teve outra opção senão consentir. Muito magoado, ele ameaçou levar os filhos em sua companhia, acusando Cíntia de não ser boa mãe. Os três filhos, uma garota de 15 e dois rapazinhos de 12 e dez anos, se tornaram o pomo de discórdia numa disputa acirrada. Paulo estava agora muito zangado e fez todo o possível para destruir a reputação da mulher. Ela revidou com uma ferocidade que chegou até a surpreendê-la.

A batalha continuou até que Cíntia voltou à razão e procurou aconselhamento especializado. Sem aprovar o divórcio, este tipo de aconselhamento reconhece que quando a separação é inevitável, o casal deve trabalhar para diminuir ao máximo o dano que se segue.

O conselheiro ajudou Paulo a compreender que ele estava prejudicando os filhos ao revoltar-se contra o divórcio. Cíntia mudou sua atitude a ponto de colaborar com os planos, aprendendo que ela e Paulo poderiam continuar cuidando juntos dos filhos. Nenhum deles tinha intenções imediatas de um novo casamento e Paulo estabeleceu-se então na vizinhança e preparou um quarto separado para que os filhos pudessem ficar com ele metade do tempo.

Com um mínimo de hostilidade, Paulo e Cíntia planejaram cuidadosamente os detalhes das visitas, responsabilidades quanto aos filhos e finanças. Cíntia concordou em trabalhar meio-período, a fim de ajudar a pagar o custo da manutenção de duas casas.

O efeito nas crianças foi dramático. Elas até participaram das sessões de planejamento e, sendo sinceras quanto aos seus sentimentos, ajudaram os pais a evitar mal-entendidos e suposições incorretas. Os sinais de distúrbios emocionais no filho mais moço e de depressão na filha desapareceram num passe de mágica e, pela primeira vez em anos, Paulo e Cíntia se sentiram novamente normais. Eles até começaram a gostar um do outro.

Quais foram os princípios importantes que guiaram Paulo e Cíntia a conseguir um reajuste amigável da família?

- Ambos aceitaram a importância de cada criança manter um relacionamento contínuo com os dois pais, mesmo que um ou ambos pretendesse fazer um novo casamento.
- Ambos compreenderam que a sua responsabilidade como pais não cessou só porque eles se divorciaram.
- Ambos aceitaram o papel crucial que o pai (mãe) desempenha no ajuste de *todos* os filhos do divórcio.
- Ao sacrificar a mágoa pessoal e a necessidade de vingança, ambos decidiram não permitir que seus ciúmes e competição pelo amor dos filhos fossem uma fonte de atrito em sua tarefa de pais.
- Ao compreender que muito do que era necessário para evitar o dano emocional dos filhos estava acima da capacidade humana, eles confiaram em Deus para ajudá-los a vencer a sua hostilidade e medo. Tiveram fé para crer que podiam fazer isso — e fizeram.

Quando o Pai Casa Novamente

Os problemas mais reais não começam até que um dos pais volte a casar-se. Quando ambos se casam outra vez, um novo jogo começa com novos desafios e armadilhas.

O impacto do novo casamento depende em grande parte da idade dos filhos e do grau em que o pai que não tem a guarda dos filhos continua a aceitar a responsabilidade do seu papel. Em termos gerais, o fato de um ou ambos os pais voltarem a casar-se não muda a regra geral de que *ambos* os pais verdadeiros devem continuar cuidando dos filhos.

Vejamos o caso em que o pai que não tem a guarda se casa novamente. As suas responsabilidades como pai não mudam. Ele talvez não possa mais exercer toda a disciplina, mas deve participar da responsabilidade com os cuidados, alimentação, vestuário e educação, devendo também esforçar-se para dar a base de apoio emocional que os filhos precisam para ter um desenvolvimento sadio. O padrasto ou madrasta não pode prover todas essas necessidades, por mais dedicada e interessada que essa pessoa seja.

Isto, infelizmente, nem sempre acontece. Conheço várias famílias cristãs em que o pai ausente, por ter casado de novo, "adquire" filhos do seu segundo casamento, e adota a atitude de que sua ex-mulher deve aceitar todas as responsabilidades pelo cuidado dos filhos do primeiro casamento. "Eu pago o sustento e você cuida deles", diz o marido. Ele se recusa a cuidar dos filhos quando a mãe está fora e quando os filhos fazem 18 anos e ele não precisa mais sustentá-los legalmente, os deixa por sua própria conta. Esses pais não se preocupam com os filhos além das suas obrigações financeiras e até isto é lentamente posto de lado.

Meu coração sofre pelas mães que devem carregar todo o peso emocional dos filhos e pelos filhos que precisam aprender a reconciliar a atitude do pai com a sua afirmativa de que é cristão.

— Quero que meus filhos tenham um padrão de vida razoável e façam as coisas que seus amigos estão fazendo, — uma mãe divorciada, que estava quase à beira da completa exaustão me disse. Ela fora forçada a trabalhar por um ex-marido cristão que estava agora vivendo com sua nova esposa num bairro da classe alta e ganhando um salário compensador. A nova mulher dele não trabalhava, ficando em casa para cuidar dos filhos de um casamento anterior. Minha cliente, no entanto, estava lutando para equilibrar as coisas e se encontrava a ponto de um completo colapso.

Qual foi a atitude do ex-marido quando ela lhe pediu ajuda extra para a educação das crianças, a fim de que não tivesse de trabalhar tanto? — Tenho as minhas próprias responsabilidades, você não pode esperar que eu sustente duas casas!

Pelo contrário! Ele é responsável. Este homem não só terminou um casamento, como também perdeu dois filhos lindos que terão grande dificuldade em crer que o evangelho cristão é mais do que um mito conveniente.

E quando a mãe (ou o pai que tem a guarda) se casa outra vez? O pai verdadeiro abandona suas responsabilidades nas mãos do padrasto?

Em minha opinião, ele não deve fazer isso. Talvez algumas responsabilidades sejam transferidas, dependendo da idade da criança, mas não muitas. Quer o pai ausente goste ou não, cada filho natural ainda necessita sentir que o pai ausente *continua* a estar envolvido na sua vida. Esta necessidade é tão forte que os filhos que foram totalmente abandonados pelo pai ou a mãe cedo na vida, no geral acabam sofrendo de um sério distúrbio obsessivo. Eles passam o resto da vida procurando um pai substituto, que tome o lugar daquele do qual foram privados. Seus relacionamentos se tornam freqüentemente possessivos demais, tendendo a ser extremamente ciumentos e não conseguindo chegar à verdadeira intimidade por medo de serem novamente abandonados.

Novas Complicações

O problema de ajudar a criança a desenvolver um bom relacionamento com o pai ausente se complica quando este se muda da cidade. Isto reduz o tempo de contato que a mãe ou o pai pode passar com o filho e a distância entre eles pode levantar barreiras. Trata-se de um fato da vida que as pessoas que não passam tempo juntas se distanciam; mas, com um pouco de engenho vários meios podem ser encontrados para manter contato. Chamados telefônicos regulares podem ser feitos. Peça que os filhos venham morar com você nas férias. Demore-se mais nas viagens de negócios, a fim de visitá-los, ou leve seus filhos nas viagens de negócios ou de férias em sua companhia. A caminho de casa, num carro do aeroporto, o motorista me contou como um de seus três filhos viaja com ele regularmente na perua enquanto trabalha à noite. Eles gostam da diversão e ele consegue passar assim tempo individual com cada um deles.

É importante que o pai ausente aceite o seu papel e suas responsabilidades paternais em todos os níveis. Ajuda financeira, recomendações, conselhos e apoio emocional devem estar à disposição o tempo todo. Se não estiverem, o pai distante pode descobrir que o amor desapareceu.

O Dilema da Lealdade

Ajustar-se à vida entre duas casas depois do divórcio, é suficientemente difícil e certamente confuso para a criança. Ela é forçada a fazer muitas mudanças. A maioria das crianças não opina sobre a pessoa com quem vão viver e nem sempre há acordo entre os pais quanto ao que é melhor para o filho. Algumas vezes as batalhas pela guarda são usadas para resolver essas questões. É pena que os tribunais sejam utilizados para isso; seria preferível que esses assuntos fossem resolvidos por meio de conselheiros ou psicoterapeutas, numa atmosfera em que os melhores interesses da criança possam ser levados em consideração.

Qualquer que seja o resultado, cada filho do divórcio termina com duas casas e um grande dilema: "A quem devo prestar lealdade"?

Nos primeiros estágios do divórcio, as crianças irão provavelmente sentir-se mais leais para com a mãe, que será percebida como mais vulnerável. Mais tarde, a lealdade pode mudar. Os pais lutam entre si para obter a lealdade dos filhos e colocar a culpa no outro parceiro. Se esses conflitos não terminarem em pouco tempo, dano irreparável pode ser causado ao forçar a criança a tomar o partido de um pai contra o outro.

Forçar o filho a tomar partido é uma extensão do problema do ressentimento e da mágoa. Isso só pode ser decidido resolvendo o ressentimento e talvez apenas mediante ajuda profissional. Mas, o que quer que seja necessário, os pais devem a seus filhos controlar seus problemas pessoais, a fim de que eles fiquem livres para fazer os grandes ajustes necessários a fim de construírem vidas felizes para si mesmos. Se os pais aceitarem que cada filho tenha permissão para amar tanto a mãe como o pai livremente, sem restrições ou medo de castigo, o dilema da lealdade desaparece.

O Papel dos Avós

Os avós são os grandes médicos de Deus. Mesmo que tenham estragado a vida dos filhos, eles se tornam médicos da geração seguinte! Outros adultos interessados, tais como amigos da família e professores podem ser também de enorme ajuda em fechar a brecha do divórcio e prover uma força estabilizadora na vida tempestuosa de um filho do divórcio.

Já mencionei que grande tratamento de cura meus avós representaram na minha vida, após meus pais se divorciarem. Eles convidaram meu irmão e eu para ficar em sua casa quanto quiséssemos. A casa de campo deles estava sempre aberta para nós. Enquanto antes do divórcio só os visitássemos nas férias escolares, uma vez iniciado o processo do divórcio, eles nos convidavam para passar fins de semana e feriados prolongados regularmente na sua companhia.

O amor e aceitação de meus avós me deram consolo e segurança. Eles nunca me obrigaram a falar dos problemas em nossa casa; todavia, eram sempre bons ouvintes quando eu dizia algo. Procuravam distrair-me do sofrimento emocional que eu atravessava e, acima de tudo, restauraram a minha fé em Deus. Não tenho palavras para dizer-lhes como isso foi importante! Vim a entender que Deus transcendia os problemas triviais da existência humana. Deus se achava presente apesar do que os meus pais estavam fazendo. A Sua presença não podia ser destruida pelo sofrimento humano e Ele oferecia ajuda confiável em meio ao mesmo. Espero ser um avô assim para meus netos!

Algumas Regras para Melhorar o Relacionamento de Seu Filho com Seu Ex-Cônjuge

Não Fale Mal de Seu Ex-Cônjuge

Sei que é difícil, mas você tem de controlar suas palavras! As crianças não querem ouvir falar das coisas erradas feitas pelos pais e, especialmente, não querem tomar partido. Desde que geralmente acham que os dois pais têm culpa, apesar das circunstâncias do divórcio, eles são mais neutros do que você gostaria que fossem.

Nenhum propósito é servido, portanto, em criticar o outro parceiro para seus filhos. Não se surpreenda se, quando atacar seu ex-cônjuge em frente de seus filhos, eles o defendam e ataquem você. As crianças têm um senso apurado de justiça e irão castigá-lo rapidamente quando mostrar-se injusto.

Não Use Seus Filhos Como Espiões

Um pai pode tentar que o filho lhe diga tudo que a mãe faz —com quem sai, onde vai, a que horas volta e o que compra. A mãe pode tentar descobrir quanto o ex-marido está ganhando, quem é a sua última namorada e onde eles vão.

Nenhuma criança gosta de ser usada para espionar. Elas devem ter a liberdade de aproveitar a companhia de cada pai sem impedimentos ou medo de ser interrogada posteriormente.

As crianças ficam muito iradas quando as usam como espiãs e podem facilmente afastar-se de ambos os pais. Se não tiver certeza de estar usando seus filhos nesta qualidade, pergunte a eles! Você pode estar cego para o seu comportamento e tão preocupado com a sua amargura e mágoa que nem sequer tenha noção do que está acontecendo. Eles lhe dirão!

Encoraje seus filhos a avisá-lo se não gostarem do que está fazendo. Você talvez tenha de ser valente para aceitar as queixas deles, mas isso irá melhorar imensamente o seu relacionamento com eles. As crianças respeitam a sinceridade e sentem-se melhor se você for franco e não ficar na defesa.

Não Use Seus Filhos Para Levar Recados ao Seu Ex-Cônjuge

Há geralmente um período após o divórcio em que um dos pais teme encontrar o outro, seja por medo de ventilar sentimentos de raiva ou por temer o que o ex-cônjuge vai dizer. Nessas condições, um dos parceiros pode acovardar-se e esconder-se por trás dos filhos. "Diga a seu pai que ele ainda não mandou o cheque da pensão", ou "Pergunte à sua mãe se você pode ir pescar comigo na semana que vem". Estas mensagens colocam a criança na posição de amortecedor entre os dois pais e ela pode até ser castigada por ter levado a mensagem. Na época dos romanos, os portadores de más notícias eram decapitados, como acontece com as crianças hoje.

A criança acaba ficando ressentida com os dois pais por ter de levar recados. A fim de não afastar seus filhos, faça você mesmo o trabalho sujo! Seja corajoso e afirmativo. Fale diretamente com sua ex-esposa ou marido e impeça que seus filhos sejam mensageiros. Isto irá libertá-los para relacionar-se com os dois pais sem impedimentos.

Deliberada e Explicitamente, Dê Permissão a seu Filho para Continuar Amando o Outro Pai

Ouço muitas vezes uma mãe dizer: "Mas, o Pedro sabe que não me importo que ele ame o pai. Não estou impedindo isso". Isto não basta! Pedro pode ou não saber que a mãe não se importa e, portanto, a mãe não deve tomar tal coisa como certa. É mais provável que ela esteja enviando uma mensagem confusa—dizendo uma coisa, mas implicando outra. Nem sempre somos completamente honestos conosco mesmos e nem sempre sabemos quais as mensagens que estamos enviando a nossos filhos. É mais seguro, portanto, ser explícito mesmo quando isso pareça redundante. Diga a seu filho especificamente que ele pode continuar amando o pai ou a mãe. Você será respeitado por seu filho.

Encoraje seu Filho a Expressar Abertamente seus Sentimentos e Dizer-lhe o que Ele Está Pensando

A expressão franca de sentimentos sempre cria um ambiente mais sadio. Mas, liberdade de expressão não significa liberdade para insultar ou punir. As crianças ficam muitas vezes tão frustradas e zangadas com o mundo que elas facilmente lançam sobre você a sua hostilidade e o transformam num saco de pancadas emocional. Isto não deve ser tolerado. É preciso explicar a ira e não pô-la em prática.

Mas algumas vezes os pais não permitem que os filhos falem sobre a sua ira e isto leva eventualmente à necessidade de expressá-la mediante explosões de raiva. É muito melhor permitir que os filhos falem sobre os seus sentimentos *quando eles ocorrem* do que ter de apanhar depois os pedaços! Permitir que os sentimentos irados se acumulem, a ponto de ser necessária uma erupção vulcânica para livrar-se deles, não é sadio.

Comece a falar sobre os sentimentos quando seus filhos forem pequenos e você evitará muitos embates penosos com eles mais tarde na vida.

Tente Ser Flexível em Cada Aspecto do seu Relacionamento com Seus Filhos e Ex-Cônjuge

Isto pode ajudá-lo a evitar muitos erros. Flexibilidade significa que você está disposto a ceder em algumas de suas exigências e, se necessário, a negociar outras. A área mais importante em que deve ser flexível é a dos direitos de visita. Os conflitos com seu ex-cônjuge nesta área irão sempre afetar seus filhos. Eles irão criar tensão e interferir com a qualidade das visitas.

Esta talvez seja a razão inconsciente de muitos pais evitarem ser flexíveis — impedir que os filhos aproveitem as suas visitas com o outro pai. Isto não é justo para com eles! Portanto, seja completamente honesto consigo mesmo e se esforce para evitar a rigidez e a inflexibilidade.

A necessidade de flexibilidade não deve ser tomada como significando que o pai (mãe) deve ceder todos os seus direitos ao outro. Fazer isto seria um convite à manipulação. Mas, se for ficar firme e lutar, escolha cuidadosamente as suas batalhas. Há muitos pontos que não são importantes em si mesmos, portanto não afirme um princípio só por causa do princípio em si. Lembre-se, você pode comunicar o amor cristão muito melhor sendo razoável do que sendo obstinado.

Encoraje Tantas Atividades Entre seu Ex-cônjuge e seus Filhos Quanto Possível

Quanto mais tempo eles passarem juntos, tanto melhor. É lamentável que a maioria dos pais ausentes se envolva cada vez menos com os filhos após o divórcio. O contato inicial freqüente desaparece aos poucos.

Os pais têm mais facilidade para manter contato com os filhos do que com as filhas. Desde que tanto filhos como filhas necessitam de contato com ambos os pais, é preciso um pai interessado e sábio para ser criativo e manter o contato entre os pais e as filhas. A amargura pessoal deve ser posta de lado e as atividades com a mãe e o pai encorajadas.

Quando o Seu Ex-Cônjuge É Totalmente Inadequado como Pai

Tudo que eu disse até agora supõe que o pai que não tem a guarda dos filhos é *normal*. Mas, o que acontece se este pai é extremamente desajustado ou imaturo?

Quero fazer desde o início uma advertência. A maioria dos pais fica tão amargurada depois do divórcio, especialmente se ele ou ela foi rejeitado, que invariavelmente acusam o ex-cônjuge de ser mentalmente perturbado ou anticristão. Isto é quase sempre um produto da sua hostilidade. Eles confundem a sua rejeição com a patologia do parceiro!

Alguns leitores talvez não achem isto justo, mas tem de ser dito. Por pior que você tenha sido tratado pelo seu *ex*, por mais abusado que se sinta ou por mais desgostosos que sejam os seus sentimentos em relação a ele, isto não o desqualifica necessariamente como pai. A maneira como um cônjuge trata o outro não é um elemento confiável para prognosticar como os filhos serão tratados.

No caso de meus comentários aqui serem mal-interpretados, apresso-me em acrescentar: Há pais completamente inadequados para a tarefa. Eles podem ser alcoólatras, criminosos, sofrerem de desajustes graves, serem pessoas brutais ou terrivelmente imaturas. Fica claro pelas pesquisas feitas que as crianças expostas a um pai assim insatisfatório não se ajustam bem. Em tais casos, o pai que tem a guarda pode estar fazendo o que é certo e, a meu ver, o que é cristão, ao tomar providências para limitar o envolvimento de pessoas assim perturbadas com os filhos.

O pai que tem a guarda não deve, porém, tentar tomar esta decisão por si mesmo. Decidir se um pai desajustado é uma ameaça para o bem-estar do filho não é fácil. Consulte um terapeuta ou um conselheiro, ou fale com o seu ministro *antes* de dar qualquer passo drástico. Se seus filhos tiverem idade suficiente para entender o problema, deve ser permitido que também participem da decisão.

Em muitos casos um ex-cônjuge é irresponsável e inadequado como parceiro de casamento, mas continua sendo um bom pai. Acredito que o pai precisa estar com um *distúrbio grave* para não poder mais contribuir com algo significativo na vida do filho.

Sei de um caso em que o pai divorciou-se da esposa porque ela estava mentalmente perturbada e teve de ser internada devido à sua condição crônica. Quando o divórcio ocorreu, eles tinham dois filhos, um garoto de quatro anos e uma menina de dois. Em vista da mãe encontrar-se num hospital psiquiátrico público, o pai impediu todo contato entre os filhos e ela. Muitos anos mais tarde, quando os filhos eram adolescentes, eles exigiram ver a mãe. A reunião foi comovente, mas o que mais me impressionou foi o fato das crianças sentirem que haviam sido desnecessariamente roubadas do contato com a mãe todos aqueles anos e culparem o pai por isso. — Não importa quão doente ela esteja, — disse a filha, — prefiro crescer sabendo quem é minha mãe e o que está fazendo do que viver em silêncio completo a respeito dela. Ela é minha verdadeira mãe e preciso conhecê-la!

As palavras dessa filha representam muito bem os meus sentimentos neste assunto!

12

Tornando-se um padrasto (madrasta)

Muitos cristãos divorciados lutam com a idéia de casar-se ou não novamente. Este conflito nem sempre se deve à hesitação no campo teológico, mas quase sempre tem a ver com o que é melhor para si mesmos e seus filhos. Se você estiver em dúvida sobre a propriedade de um novo casamento, sugiro que consulte o seu pastor ou um conselheiro cristão. As questões éticas e teológicas envolvidas são muito complexas e não podem ser apresentadas num simples conjunto de regras a serem seguidas. Cada situação de divórcio é diferente e você precisa decidir o que é melhor no seu caso.

Meu enfoque aqui é como corresponder ao máximo às suas responsabilidades de pai se decidir casar-se outra vez. O seu novo cônjuge passa a ter uma tarefa extremamente difícil como padrasto. Você talvez tenha de aceitar também esse tipo de responsabilidade se o seu novo parceiro tiver filhos. Todo um novo conjunto de desafios irá confrontá-lo enquanto tenta fazer com que esse casamento dê certo. O papel de padrasto (madrasta) pode ser complicado e traiçoeiro porque o caminho está cheio de obstáculos inesperados. Com um pouco de esforço extra, porém, é possível evitar erros. Este capítulo é então dirigido tanto a você como a seu novo cônjuge. Vocês talvez devam lê-lo juntos, como um meio de chegar a uma compreensão mútua da tarefa à sua frente.

Casar ou Não Casar?

Antes de falar sobre o papel do padrasto, permita-me fazer um comentário a respeito de casar ou não novamente quando o indivíduo já tem filhos.

Para muitos, este parece ser um assunto simples. Afinal de contas, a pessoa não tem direito a uma vida feliz e satisfatória? Um grande número de pais divorciados não encontra uma resposta clara e eles lutam para saber o que é melhor.

Ninguém deve decidir-se leviana ou precipitadamente por um novo casamento. Há muitos pontos a serem considerados e recomendo bastante que todos que estejam pensando nisso obtenham bons conselhos sobre o assunto, mesmo que seja só de um amigo de confiança.

Para ilustrar a complexidade do assunto, vou descrever um caso. Selena era uma cristã de 45 anos, divorciada, que me consultou se deveria ou não casar-se outra vez. Em espírito de oração, fizemos juntos um retrospecto da história da sua vida, suas necessidades pessoais, suas responsabilidades familiares no momento e sua personalidade singular (que incluía um forte apego e senso de responsabilidade em cuidar da mãe).

Depois de considerar cuidadosamente todos os fatos, orando a respeito deles, Selena chegou à conclusão de que não deveria casar-se de novo, pelo menos não no momento. Esta decisão poderia mudar no futuro se as circunstâncias mudassem. Ela estava sendo sensível e racional a respeito da sua vida, não permitindo que seus sentimentos e impulsividade natural ou insegurança a precipitassem numa segunda união. Ela sentiu que o risco de fracassar novamente era grande demais!

Devo dizer que fiquei profundamente impressionado com a maturidade de Selena. Tenho a inclinação de projetar minhas próprias necessidades em situações como esta e preciso esforçar-me para manter meus sentimentos fora do caminho. Ela sabia melhor. Grande número de divorciados se lança num novo casamento prematuramente, sem pesar todas as conseqüências. A nossa cultura coloca tremenda pressão sobre nós para que nos casemos, e é preciso muita resistência para não ceder às pressões. O segundo casamento não é mais fácil; pelo contrário, no geral é mais difícil! Se todas as condições não forem certas, seus filhos pagam o preço por este segundo erro!

O Novo Casamento na Perspectiva da Criança

Melissa é uma menina de oito anos, cujos pais se divorciaram há seis meses. A mãe fez amizade com um homem e a cada duas semanas este amigo vem jantar com ela.

Cerca de dois dias antes de cada visita, Melissa fica agitada.—Você vai casar com o seu amigo? — ela pergunta à mãe, não uma, mas 50 vezes.—O que você faz quando está com ele? Por que ele senta tão perto de você? — Bombardeada com essas perguntas, a mãe de Melissa fica estressada e confusa. Ela gosta do homem, mas duvida seriamente de que deva casar-se. Seu amigo nunca se casou. Se houver casamento, será que vai ser um bom pai para sua filha? A filha continuará assim irritada? Poderá sofrer até algum dano? Perguntas deste tipo passam sem parar por sua cabeça.

Nos meses seguintes, os temores da filha se intensificaram.

— Por favor, não se case de novo, mamãe. Eu não quero um padrasto — suplicou Melissa. Quando ela começou a acordar à noite, gritando com pesadelos, a mãe decidiu que estava na hora de procurar ajuda profissional.

O comportamento de Melissa é típico de muitos filhos do divórcio. Eles temem lidar com um padrasto ou madrasta. Temem perder o afeto dos pais para outra pessoa. Temem basicamente o desconhecido! A maneira como os sentimentos da criança são tratados pode afetar significativamente o ajuste de seu filho ao seu novo casamento.

A maioria dos filhos se ressente da intrusão de outra pessoa na unidade familiar. Eles resistem naturalmente à idéia de seu pai ou sua mãe se apaixonarem por um outro parceiro. Embora aceitem de maneira geral a necessidade dos pais fazerem novas amizades e ampliarem os contatos sociais, não facilitam as coisas para que isso possa acontecer.

O que está por trás dessa resistência? As questões básicas em relação à criança são quatro:

1. Grande parte dos filhos de pais divorciados criam a fantasia, mesmo que seja só inconsciente, de que seus pais voltarão a viver juntos outra vez. Qualquer coisa que obstrua esta fantasia será vigorosamente rejeitada.
2. As crianças temem que um novo cônjuge usurpe o seu lugar na vida do pai (mãe). Surge então um ciúme instintivo de *qualquer* intruso.
3. As crianças temem não ter compatibilidade com o padrasto. Afinal de contas, é o pai, e não o filho, que escolhe o provável parceiro.
4. As crianças geralmente vêem o padrasto em potencial como um fator negativo para os padrões familiares existentes.

Elas sentem que não têm poder para controlar ou limitar este fator.

É claro que esta é uma via de mão dupla. O novo cônjuge muitas vezes tem ciúmes dos filhos e estabelece relacionamentos hostis. O padrasto talvez se ressinta do longo relacionamento existente entre o pai natural e os filhos.

Um cônjuge em potencial pode também considerar os filhos como intrusos no namoro. Os filhos exigem tempo e atrapalham as oportunidades de namoro. Eles limitam a privacidade do namoro. É comum, portanto, que o novo amigo se ressinta com a presença dos filhos. Este sentimento nem sempre é admitido e os filhos são chamados de "estragados, exigentes e manipuladores". Tais sentimentos ressentidos são naturalmente retribuídos pelos filhos.

Nos primeiros estágios da nova amizade é, portanto, comum que surjam sentimentos negativos entre o candidato e os filhos. Ele representa confusão e insegurança para os filhos que já estão suficientemente abalados. O pai sábio aceitará esses sentimentos como normais e temporários, mas procurará compreender a apreensão e não se zangar. Ao agir assim, você pode evitar o agravamento de uma situação já tensa e potencialmente explosiva.

As Crianças de Idades Diferentes Reagem de modo Diferentes

Embora não haja uma idade certa para ganhar um padrasto, o estágio mais difícil parece ser o da puberdade (entre 12 e 13 anos), até o fim da adolescência (cerca dos 17 a 18 anos). As crianças muito pequenas e os jovens que já estão na faculdade ou que já saíram de casa, tendem a ajustar-se mais facilmente, embora possam protestar com grande veemência a princípio. Nas faixas intermediárias estão as de seis a 12 anos, que terão reações mistas.

Existem várias razões para os adolescentes acharem mais difícil ajustar-se ao namoro ou novo casamento dos pais do que as crianças menores. A adolescência é o estágio em que a criança tem mais capacidade para resistir às mudanças. As crianças menores não têm poder para resistir e os jovens não têm de fazer muitas mudanças importantes e as aceitam então como normais.

Além disso, o adolescente costuma construir uma armadura protetora ao seu redor—uma fachada de dureza, indiferença e rejeição. Esta defesa encobre os verdadeiros sentimentos e desacelera todo o processo de ajuste.

A adolescência é também a idade que os conflitos de personalidade são maiores. É difícil para o pai sobreviver à rebelião do adolescente nas melhores circunstâncias. O divórcio e a adição de um novo padrasto não facilitam as coisas.

Os adolescentes, portanto, tipicamente se retraem e tentam escapar emocionalmente do novo casamento. Eles permanecem distantes e se recusam a ser incorporados na nova unidade familiar. O problema pode ficar ainda mais complicado quando o novo cônjuge já tem seus próprios filhos. Os filhos precisam então ajustar-se tanto ao novo pai ou mãe como a novos irmãos. Uma tarefa nada fácil!

Para as crianças entre seis e doze anos, o maior problema é a ansiedade e o medo. Essas crianças não têm idade suficiente para prever o futuro realisticamente e podem exigir muito tempo do pai. Elas tentarão sabotar o namoro ou exigirão afirmação constante, ou ambas as coisas.

Tais crianças podem fingir que estão doentes nas horas mais inoportunas. Elas se mostram difíceis, resistindo ir para a cama e se recusando a ir à escola. Estas são táticas para chamar atenção e precisam ser tratadas com cuidado e habilidade a fim de evitar piorar o quadro. Se as sugestões que vou fazer mais adiante neste capítulo não forem úteis, deixe-me repetir: Procure ajuda profissional. É mais fácil cortar o mal pela raiz do que recolher os cacos quebrados da família.

As crianças muito pequenas, com menos de cinco anos, não percebem muito bem as mudanças que estão sendo feitas. De certa forma, esta ignorância as protege de grande parte do trauma da mudança. Desde que o novo padrasto aceite a criança e seja providenciado um meio dela poder relacionar-se com o pai ausente, menos dificuldades devem ser encontradas neste aspecto.

Finalmente, não espere aceitação rápida do novo cônjuge por parte de qualquer filho pré-adulto ou adulto. O novo parceiro será um estranho para ele e, portanto, levará tempo para que uma nova relação se desenvolva.

Preparando o Palco para o Padrasto (Madrasta)

Um fato geralmente aceito é que a maneira como o casamento anterior terminou e o sucesso com que os filhos se ajustaram ao divórcio irá determinar o sucesso final da nova família mista. É por isto que algum tempo deve passar entre o divórcio e o novo casamento. Os filhos devem ter primeiro a oportunidade de ajustar-se ao divórcio antes de um padrasto aparecer em cena.

Construir uma família mista não é fácil. Nem todos os seus problemas terminam quando você se casa de novo. Um estudo de mais de dois mil enteados, a maioria deles produto do divórcio, descobriu que havia mais "estresse, ambivalência e pouca coesão" nas famílias mistas do que nas originais. O interessante foi a descoberta de que as coisas eram mais difíceis para a madrasta do que para o padrasto, e que as enteadas têm mais dificuldade para ajustar-se do que os enteados.

Isto significa que se você for uma madrasta e tiver enteadas, terá de esforçar-se mais para construir relacionamentos sadios com elas do que com os enteados. Vai necessitar de muito mais graça, paciência, bondade e longanimidade e maior dependência de Deus para ser bem-sucedida. Estou certo de que poderá ter sucesso, mas se o progresso parecer lento e difícil, não culpe a si mesma. As cartas estão marcadas contra você. Não espere descer, mas subir a ladeira. Lamento parecer tão negativo, mas esta é a realidade! Nem todos os novos cônjuges vão querer ajudá-la depois de instalados. Seja então bondosa e perdoe a si mesma. Se a tarefa parece difícil, é porque É DIFÍCIL!

A maioria dos casamentos envolve uma mãe com seus filhos incorporando um novo marido como padrasto. O pai leva ocasionalmente um filho ou dois para o novo casamento e, muito ocasionalmente, é a madrasta que passa a cuidar dos filhos do marido, embora isto seja mais comum depois da morte de um cônjuge.

A morte de um cônjuge envolve circunstâncias muito diferentes daquelas do divórcio. Embora a morte do cônjuge seja uma terrível tragédia, o novo casamento é de algum modo mais fácil, porque não existe um pai (mãe) verdadeiro interferindo com tudo que você tenta fazer.

A situação mais repleta de armadilhas talvez seja aquela em que o cônjuge rejeitado torna a se casar sem ter superado seu ressentimento pelo parceiro anterior. Com várias questões não-resolvidas como pano de fundo, este pai (mãe) vai ter de lutar em duas frentes ao mesmo tempo: o conflito contínuo com o ex e o ajuste a um novo cônjuge. Os filhos ficam presos no centro da guerra.

Numa família que aconselhei, uma filha de quinze anos viu-se no meio de uma situação muito penosa. A mãe, que fora rejeitada pelo pai, havia tornado a casar-se por despeito e cedo demais. Sua energia ficou dividida entre as tentativas de vingar-se do ex-marido e aprender a tolerar o novo.

Embora fosse cristã, ela não conseguia perdoar o marido pela mágoa profunda que lhe causara. Encontrar um marido novo e amoroso não resolveu, porém, a mágoa profunda que sentia por causa da rejeição.

Esta mulher, em plena consciência, usou a filha para ferir o ex-marido. — Peça mais dinheiro a seu pai. Foi ele que se divorciou de mim e portanto tem de pagar por isso! — Ela dizia freqüentemente — Você não sabe como seu pai é mau; vou contar o que ele fez, — e uma longa lista de atos infames se seguia, a maioria deles provavelmente distorcida pelo ressentimento.

Ela pôs obstáculos às visitas da filha ao pai e muitas vezes a acusava de tomar o partido dele sempre que fazia um comentário favorável a respeito do mesmo.

Mas isto não foi tudo! Para aumentar a infelicidade da filha, o novo marido (que não gostava dela!) vivia se queixando de coisinhas que a garota fazia. Se não era cabelo deixado na pia, então era a chaleira que assobiava alto por muito tempo depois da água ferver. Ele era um implicante por natureza!

O fato de lutar em duas frentes de batalha ao mesmo tempo prejudicou tanto a mãe como a filha, e esta acabou tendo de ir morar com o pai. Isto ajudou a filha, mas fez a mãe sentir-se ainda mais infeliz.

Meu ponto aqui é simplesmente este: Quanto mais depressa as questões não-resolvidas forem tratadas, tanto melhor. TODOS os ajustes a um novo padrasto podem ser feitos por TODOS os envolvidos.

Inserindo Seu Novo Cônjuge na Família

Nem todos os pais divorciados compreendem que eles podem inserir INTENCIONALMENTE um novo cônjuge na família. Pelo menos, é preciso esforçar-se para isso!

Assim como o aconselhamento pré-cônjugal é uma necessidade absoluta para todos os que pretendem casar-se pela primeira vez, acredito que o aconselhamento antes de um novo casamento pode representar o sucesso ou o fracasso da segunda união. É muito fácil casar não só com a pessoa errada, como também pelas razões erradas. Antes de casar de novo, portanto, o pai (mãe) divorciado deve enfrentar e fazer algo a respeito dos assuntos não-resolvidos do casamento anterior.

Desde que cada divórcio é diferente, não existem leis universais neste sentido. Há, porém, alguns pontos importantes que devem ser guardados em mente ao pensar sobre um novo parceiro. Tomar cuidado com o que faz pode ajudar você a evitar um erro catastrófico.

O drama do divórcio e do novo casamento tem três atos:

1. A família de origem dos filhos é dissolvida.
2. Os filhos e o pai que tem a guarda reorganizam suas vidas ao redor de um novo centro e descobrem novos meios de relacionar-se com o pai ausente.
3. O pai casa novamente, exigindo que os filhos façam um terceiro ajuste importante em suas vidas.

Este drama requer tempo para terminar. Forçar prematuramente uma criança a entrar numa nova família aumenta o risco do dano emocional.

A maioria dos especialistas acredita, e a minha experiência clínica confirma, que são necessários entre dois a três anos para que uma criança esgote os dois primeiros atos do drama do divórcio. É claro que muitos pais não podem esperar tanto para se casarem de novo, mas este é o prazo que deve ser levado em conta.

O que um pai pode fazer para maximizar a possibilidade de agregar um novo parceiro?

Desde o começo do namoro você precisa avaliar cuidadosamente até que ponto o novo cônjuge se ajusta à sua família.

Avalie como vocês dois se ajustam e como seus filhos se ajustam a ele ou ela. Radical? Suponho que sim. Mas, há muita coisa em jogo para não considerar a sugestão.

Completa sinceridade é exigida aqui, pois isto tem implicações a longo prazo. Se permitir que a relação continue durante muito tempo antes de considerar este ajuste, você pode achar difícil, senão impossível, livrar-se do relacionamento. Uma decisão sensata *bem cedo* no namoro pode livrar você de problemas mais tarde.

Observe com atenção como seus filhos e seu amigo se comportam em várias situações. Não deixe de variar esses períodos em conjunto. Fazer amizade leva algum tempo, mas se depois de várias semanas ou meses de contato entre eles a tensão e os sentimentos negativos persistirem, você talvez deva considerar o término da relação.

Prepare Deliberadamente seus Filhos para um Novo Casamento

Seus filhos devem conhecer as suas intenções, seja então sincero sobre o seu namoro. As crianças devem ter também liberdade para expressar os seus sentimentos, medos e expectativas sobre como a nova família vai funcionar. Dê liberdade a elas para expressar seus sentimentos. Ouvir é a única maneira de você conhecer e resolver o medo despropositado.

Prepare o seu Provável Cônjuge para o Novo Casamento

Conte a ele como seus filhos estão se sentindo e como eles consideram seu futuro padrasto. Discuta também o papel que cada um de vocês vai desempenhar na nova família.

Questões importantes a serem consideradas são: O novo cônjuge deve mudar as suas expectativas para seus filhos? O padrasto deve tomar algumas responsabilidades, tais como disciplina no lar, ou deve permanecer neutro—um estranho virtual quando se trata de disciplina? Muitos conflitos sérios podem ser evitados se essas questões forem tratadas antecipadamente.

Não deixe de separar tempo adequado para seus filhos durante o período de lua-de-mel depois do novo casamento.

O seu novo cônjuge deve aceitar a idéia de que você precisa dividir o seu tempo. Seus filhos continuam tendo certos direitos e merecem sua atenção acima dos direitos do seu novo cônjuge. Este é o preço que você paga pela nova união.

Não Surpreenda seus Filhos com os Planos de um Novo Casamento

Deve haver um período de namoro aberto, a fim de ajudar seus filhos a se ajustarem à possibilidade de um novo casamento. Por outro lado, não apresente um novo amigo à família até que sinta que há um relacionamento sério em vista. Nada pode ser tão perturbador para os filhos como ver os pais cortejando uma grande variedade de pretendentes ou mudando freqüentemente de "amigos". Se não estiver considerando a idéia de casar-se outra vez e seus encontros forem apenas casuais, é preferível que não exponha seus filhos a essas pessoas. As crianças devem ser protegidas de encontros com uma grande variedade de estranhos.

Ajustando-se a um Padrasto (Madrasta)

Quando você voltar finalmente a casar-se, sua família terá então de fazer uma série de ajustes importantes. Esses ajustes passam por três fases claramente identificáveis:

Primeira, fase da lua-de-mel. Todos são amáveis uns com os outros. A atmosfera pode ficar um pouco tensa, mas nenhum atrito ainda se evidencia.

Segunda, fase do "conflito". A lua-de-mel acabou e surge a realidade. Todos se mostram irritados, impacientes e intolerantes, até quanto aos pequenos enganos. As "coisinhas" geram atritos e parece às vezes que a família vai explodir.

Terceira, fase do "contentamento". Se o casamento sobreviver à segunda fase, surge um estágio final de contentamento. Todos os ajustes necessários foram feitos, as arestas dos temperamentos polidas e os hábitos irritantes do novo cônjuge se tornaram aceitáveis para todos. A familiaridade traz finalmente conforto.

A fim de chegar ao terceiro estágio é preciso cuidadosa atenção para os seguintes pontos:

Não force o novo parceiro a tornar-se um pai substituto para seus filhos, mesmo que seu ex-cônjuge tenha abandonado completamente este papel.

Na minha experiência, esta é o aspecto mais destrutivo enfrentado pela família recém-constituída.

O que geralmente acontece é o seguinte: O pai que tem a custódia ainda continua zangado com o pai ausente e o chama de pai (mãe) incompetente. Desde que os filhos vão precisar de um bom modelo paterno ou materno, espera-se que o novo cônjuge "se torne o pai (mãe) ideal para meus filhos".

Um padrasto (madrasta) pode realmente substituir o pai verdadeiro? Quase nunca, em minha opinião. É claro que há exceções. O pai ausente pode abandonar os filhos ou não estar disponível para continuar cuidando deles. Quando crianças muito pequenas são adotadas por um padrasto, ele pode exercer com sucesso as funções de um pai verdadeiro. Mas, na maioria dos casos, o pai verdadeiro continua por perto e deve tomar a responsabilidade pela disciplina e cuidados com os filhos, junto com o pai que tem a guarda deles.

Vou dar aqui um testemunho pessoal. Meu padrasto foi um excelente exemplo. Ele fez mais por mim do que a maioria dos pais teria feito, mas desde o início tornou claro que nunca poderia substituir meu pai verdadeiro. Eu não compreendi a princípio o que ele queria dizer com isso, mas tornou-se evidente nos anos que se seguiram. O resultado foi que, eu não só tive um pai real, como também um padrasto muito especial. Em vez de duplo prejuízo, minha bênção foi dupla!

Isto não significa que o padrasto não deve ajudar ou ter voz ativa em questões de disciplina. Mas qualquer usurpação do papel do pai verdadeiro só levará a problemas no desenrolar das coisas.

Não Apresse a Segunda Fase do Processo do Novo Casamento

Todo padrasto precisa ganhar o direito de ser amigo de seus enteados. Você não pode forçar o ritmo da amizade. A pressão neste estágio só irá polarizar a família e abrir a primeira brecha, provocando a sua divisão.

Mantenha as Vias de Comunicação com seus Filhos Sempre Abertas

Saiba o que seus filhos estão pensando e sentindo e não terá dificuldade em compreendê-los. Eles irão também confiar mais em você. A incompreensão sempre tem como raiz a desinformação. Abra igualmente uma linha de comunicação com seu novo cônjuge. Converse sobre o que ele está experimentando. Isto ajudará vocês dois a manterem na perspectiva adequada os problemas que surgirem e ajudará seu parceiro a encontrar meios de superar esses problemas.

Não Tome Partido, Seja o de seus Filhos ou de seu Novo Cônjuge

Não se deixe prender na armadilha entre seus filhos e seu cônjuge. Tente permanecer imparcial se possível. Em particular, você pode dizer a seus filhos se eles estão fazendo algo para magoar ou ofender o padrasto e dizer o mesmo a este. Se mantiver particulares e sinceros os seus comentários, mesmo que sejam palavras de repreensão, ninguém achará que você está tomando partido. Sabedoria deve ser a sua senha!

Lembre o seu novo cônjuge que é normal para os filhos, especialmente nos primeiros estágios do novo casamento, sentir que estão sendo traídos e ficar zangados.

Esta ira vai desvanecer-se se o padrasto não reagir negativamente, zangando-se também.

Toda a disciplina deve ficar livre de ira.

Por meio do seu comportamento, mostre a seus filhos que você pode resolver os seus conflitos e vencer as suas frustrações sem ceder à ira. Os seus atos falarão mais alto que as suas palavras. Infelizmente, a ira está quase sempre presente em todos os aspectos do divórcio.

13
Tornando-se um pai sozinho (descasado)

Todo pai sozinho que conheci tinha uma pergunta a fazer: Posso ser um pai competente sozinho como seria se fosse casado? Minha resposta é SIM — alta e clara! Mas, o serviço é pesado.

Ser pai é sempre um desafio. Não sendo tarefa fácil para qualquer de nós. Se acha que é um pai perfeito, deve oferecer-se para ficar em exposição permanente. Por quê? Porque mesmo que seja um ótimo pai, jamais se sentirá como tendo alcançado a perfeição! Os pais comuns geralmente acham que estão fracassando, isso já vem junto com a missão.

Se isto se aplica aos pais casados, quanto mais o pai descasado deve sentir-se um fracasso! Parece que ser pai é mais instintivo quando vocês são dois. O parceiro do casamento contribui com equilíbrio e perspectivas diferentes que o ajudam a manter-se na linha. Há sempre alguém nas vizinhanças para mostrar-lhe que está cometendo um erro. Mas, quando é um pai sozinho, tudo depende de você — e só de você.

Ser pai sozinho é uma tarefa muito mais árdua do que quando se tem um parceiro. Isto não significa que seja menos eficiente no seu papel de pai, mas simplesmente que terá de ser mais deliberado e atento à sua tarefa. Deve ficar na ponta dos pés todo o tempo e prevendo o que pode acontecer.

Os Filhos dos Pais Sozinhos

Os pais sozinhos podem educar ótimos filhos? Claro que sim! No decorrer dos anos conheci muitas pessoas notáveis. O que me intrigou foi quantas vezes fiquei sabendo que foram criadas por um pai sozinho, geralmente a mãe. Tive então interesse em descobrir se uma pessoa que me impressionou tinha sido criada por um pai sozinho. Não fico mais tão surpreso como há alguns anos com os resultados da minha pesquisa. Com extrema regularidade, geralmente descubro que tal pessoa foi de fato educada por um pai sozinho.

Isso aconteceu há apenas uma semana. Eu devia falar num centro de conferências importante no leste. A pessoa que foi buscar-me no aeroporto se destacou de um modo que eu poderia chamar de notável. Não só era alguém talentoso, mas parecia ser extraordinariamente íntegro e saudável. No final da conferência, enquanto me levava de volta ao aeroporto, toquei no assunto de quem o educara. E a resposta foi que tinha sido uma mãe sozinha. O pai abandonara a mulher quando ele era pequeno e ele não encontrara pessoalmente o pai senão depois dos 20 anos. Esta pessoa deu crédito à mãe por fazer um belo trabalho na sua educação!

Posso dizer, portanto, com bastante convicção que muitos dos indivíduos notáveis que encontrei, inclusive alguns amigos pessoais, foram criados por pais sozinhos. Alguns perderam a mãe ou o pai por terem falecido, outros através do divórcio. Uns tiveram pais que nunca se casaram com suas mães. Cresceram sem saber quem foram seus pais. As circunstâncias da ausência do pai ou da mãe não tiveram importância. Eles vieram a ser, mesmo assim, pessoas talentosas e competentes. Uma parte da razão para isto pode ser a sua decisão de compensar o que faltava em suas vidas. Sei que eu tive de fazer várias compensações. Mas creio que é mais que isto. O pai que se incumbiu da educação entregou-se à tarefa com grande determinação para que o seu trabalho fosse bom.

Isto significa que é melhor crescer numa casa com apenas um dos pais? Claro que não. Esta sugestão é ridícula. De um lado, nem todos que crescem num lar com apenas um dos pais se torna notável. As falhas são muito maiores do que nos lares intactos. Em iguais circunstâncias, é melhor ser criado num lar intacto. Nem toda criança educada por um pai sozinho cresce bem ajustada e é bem-sucedida. O que estou dizendo é que crescer num lar assim não é uma situação desesperadora. O pai sozinho que se dedica a ser um bom pai tem sucesso com notável regularidade.

Criando Uma Família Sozinho

Para muitos pais divorciados, o novo casamento não é uma opção, seja por não encontrar um cônjuge adequado ou por preferirem permanecer sozinhos. Para estes pais, o desafio é criar uma família da melhor forma possível. Isso não vai acontecer automaticamente, porém, e é então importante atentar nos princípios básicos que tentarei descrever neste capítulo.

Há dois pontos importantes, mencionados nos capítulos anteriores, que precisam ser reenfatizados aqui, por serem fundamentais para tudo o mais que vou dizer. O *primeiro* é que embora um pai, especialmente o pai, possa não estar vivendo na mesma casa que os filhos, ele continua sendo necessário para cumprir o papel de pai na educação dos filhos. *Segundo*, a maneira como estruturamos a vida familiar em nossa cultura é tal que a maior parte da responsabilidade cai sobre a mãe. Em alguns aspectos, não é politicamente correto fazer tal declaração publicamente, mas é verdade, quer gostemos ou não.

É pena que tão grande parte do peso recaia sobre a mãe. Embora esteja mudando, o mundo do trabalho e nossas expectativas culturais para os homens ainda exigem que o pai seja o principal provedor. Isto naturalmente o remove de casa a maior parte do tempo.

Em nossa cultura em mutação, o potencial de sustento da mãe está crescendo e em alguns casos é vantajoso que a mãe seja o principal gerador de renda enquanto o pai desempenha a tarefa de cuidar dos filhos.

Para a maioria das situações, porém, o bem-estar da mãe e a qualidade do relacionamento mãe-filho são geralmente considerados como o fator de maior influência no desenvolvimento da criança. Isto se aplica quer a mãe seja ou não divorciada e quer o pai esteja ou não presente.

Por que estou enfatizando este ponto? Porque o maior erro que o divorciado pode cometer é precipitar-se num segundo (ou terceiro) casamento, só porque ele ou ela teme ser um pai sozinho. *As famílias com apenas um dos pais podem funcionar bem*. Não é essencial que um cônjuge substituto seja encontrado o mais rapidamente possível para servir como pai substituto residente.

Muitos segundos casamentos falham exatamente porque um dos parceiros sente-se empurrado para uma segunda união só para assegurar um lar com os dois pais. Desde que é o pai *verdadeiro* ausente que deve cumprir certas responsabilidades paternas para que o filho cresça saudável, casar outra vez apenas para prover um segundo pai não resolve o problema.

Embora seja verdade que o padrasto (madrasta) não é inteiramente redundante e pode oferecer alguma ajuda extra — principalmente com recursos financeiros, disciplina dos filhos, apoio moral e um ombro amigo — o novo casamento também traz vários problemas adicionais e pode cancelar essas vantagens. Verifique então se está casando pelas razões certas. Não se apresse a casar-se de novo só para obter ajuda na criação dos filhos.

O Estresse de Criar os Filhos Sozinho

Na maioria das vezes, a casa do pai sozinho consiste de uma mãe divorciada que tem de trabalhar para sustentar a si mesma e aos filhos. Nem todas as mulheres divorciadas, porém, trabalham por razões puramente financeiras. Muitas fazem isso para manter a sua sanidade. O trabalho lhes dá um senso de identidade e satisfação. Tomar conta da casa pode ser uma tarefa solitária que nem sempre satisfaz, especialmente quando você foi rejeitada e magoada por causa do divórcio.

Mas, embora o emprego seja bom e pague o suficiente, ele geralmente coloca sobre as mulheres exigências que, segundo várias pesquisas, são bem mais estressantes do que para os homens. Este estresse diminui a capacidade da mãe para exercer a sua função junto aos filhos. As amizades pessoais sofrem por não haver tempo para que elas se desenvolvam. A liberdade, recreação e tempo livre da mulher ficam de tal forma limitados que ela acaba irritada, mau-humorada e agressiva com todos — até com os filhos. Isto naturalmente não ajuda na educação de filhos saudáveis. Toda mãe sozinha necessita, portanto, observar cuidadosamente como o trabalho influencia o seu papel no lar para que não venha a envenenar a família.

Os estresses são similares para o pai sozinho, que tem a custódia dos filhos. Ele deve certificar-se de que os filhos estejam recebendo cuidados apropriados enquanto trabalha; deve fazer as tarefas domésticas depois de um longo dia de trabalho e prover o apoio emocional que as mães geralmente dão. Isto não é fácil para ninguém e geralmente significa que os filhos mais velhos devem ajudar, aceitando novas responsabilidades para si mesmos e também para os membros mais novos da família. As irmãs mais velhas se tornam mães substitutas e os irmãos mais velhos pais substitutos.

Isto é mau para as crianças? Faço esta pergunta por ouvir freqüentemente a opinião de que os filhos não devem assumir tais papéis. Eu discordo. Penso que é saudável para os filhos assumirem certos papéis nessa área. Em muitas partes do mundo, é comum que os irmãos mais velhos ajudem a cuidar dos mais novos. Cresci na África do Sul onde isso era muito comum nas zonas rurais. Sempre achei uma prática saudável. Toda a família, inclusive os filhos mais velhos, reconhece a sua responsabilidade de cuidar uns dos outros.

Há duas semanas, durante uma viagem para o leste, tive de parar por algum tempo no aeroporto O'Hare de Chicago.

Decidi comer um pedaço de pizza como almoço, pois não seriam servidas refeições no meu vôo seguinte. Enquanto comia, notei uma jovem mãe com duas crianças pequenas, obviamente gêmeas, e um filho com cerca de oito anos de idade. Ela parecia mãe descasada (não tinha aliança e não estava bem vestida), embora não pudesse ter certeza. A moça procurava ansiosa na bolsa moedas para comprar o almoço. Fiquei pensando em como iria alimentar os gêmeos. Os dois gritavam de fome.

Vi então algo que me comoveu. O filho de oito anos, sem ser forçado pela mãe, ofereceu-se para alimentar um dos gêmeos, uma menina. Com os olhos cheios de amor, ele a colocou nos joelhos e lhe deu pedaços de pizza para comer. Deixou generosamente que bebesse o seu refrigerante. A garotinha olhou para o irmão com adoração. Depois de algum tempo, os gêmeos mudaram de colo. Sem a ajuda do menino, a mãe teria certamente tido um colapso nervoso. Mas, da forma como tudo aconteceu, reinou a calma entre eles.

O grupinho terminou de comer antes de mim e enquanto se afastavam, com o menino carregando a irmãzinha no colo, senti orgulho daquela família. Não havia pai e eles certamente não tinham muitas das bênçãos materiais deste mundo, mas possuíam aquele algo indefinível que ajuda a produzir gente notável. Ao ir embora, orei para que Deus os mantivesse assim pelo resto da vida. Você nunca me convencerá de que os irmãos se ajudarem possa ser mau para a família!

Alguns dos problemas gerados pela tarefa de criar sozinho os filhos podem ser reduzidos se o pai que tem a guarda (geralmente a mãe) trabalhar apenas meio-período, se possível, e planejando noites e fins de semana de modo que pais e filhos possam passar tempo de qualidade juntos. Embora nenhum pai sozinho deva permitir que os filhos o manipulem para dar a eles *todo* o seu tempo livre, o planejamento deliberado de passeios e atividades recreacionais pode ser útil para estruturar um período "a sós" muito necessário. Lembre-se: Você não deve a seus filhos todo o seu tempo livre. É preciso que as crianças aprendam a se entreterem sozinhas. O pai ausente deve também compreender que tem a responsabilidade de ajudar neste sentido e dar uma folga para o outro, estando disponível quando os muitos deveres do cargo se tornem exaustivos demais.

A Questão do Novo Casamento

Um aspecto da criação de filhos por um só dos pais tem-se mostrado especialmente estressante e merece atenção especial. A pesquisa que está sendo feita na Escola de Medicina na Universidade de Filadélfia indica que as crianças cujas mães não se casaram de novo, mas viviam com seus novos parceiros, eram mais mal-ajustadas do que as em qualquer outro arranjo misto. (Maria Isaacs e George Leon, *Journal of Marital and Family Therapy*, Abril 1988, vol. 14(2), 263-73.)

Como regra geral, isto significa que é melhor para o ajuste dos filhos que o pai (mãe) divorciado que mora com um parceiro se case novamente do que se continuarem apenas morando juntos. Não é difícil entender porque a pesquisa mostra que isto é benéfico. Em separado do aspecto moral, viver com um parceiro cria um ambiente de transitoriedade que não conduz à estabilidade. Os filhos se sentem mais inseguros, instáveis. A sensação é de apenas estarem acampando fora de casa, esperando mudar para uma nova situação familiar. O casamento cria uma atmosfera de estabilidade que ajuda os filhos nos tempos difíceis.

Viver juntos, sem casamento, também confunde muitos papéis. O parceiro é um padrasto? É uma madrasta? Os filhos ficam confusos quanto aos seus direitos num lar onde não há casamento. Em que casa estão vivendo? Quais os seus direitos? Se for na casa original, onde o "hóspede" se encaixa? Os filhos ressentem-se do intruso que afirma ser parte de uma família onde não existe a base do casamento para a sua presença.

Não tome o meu conselho aqui como uma obrigação de casar-se em quaisquer circunstâncias. Estou só dizendo que para o bem de seus filhos, ou se case por realmente desejar isso ou tenha uma vida separada do namorado(a) até que fique certo do seu futuro conjugal. Nada menos que isso é suficientemente bom para criar seus filhos.

Trabalhar ou Não

Nem toda mãe sozinha tem escolha quanto a trabalhar ou não. O divórcio baixa geralmente o padrão de vida de todos os envolvidos e, portanto, o trabalho é obrigatório e não uma opção. Todavia, o trabalho e a vida familiar interagem dramaticamente para a mãe sozinha, mais do que para a casada.

Ser mãe sozinha e trabalhar melhora a sua saúde ou a ameaça? Nos círculos profissionais a questão está sendo agora veementemente debatida. Duas hipóteses estão em jogo. A primeira diz que todas as pessoas só possuem tempo e energia em quantidade limitada e que um número excessivo de exigências e papéis conflitantes provoca o estresse e sobrecarrega os sistemas que nos ajudam durante o período de estresse. Em outras palavras, não fomos criados para exigências ilimitadas. Desde que ser mãe sozinha é desgastante, essas mães devem ter cuidado com o que tentam fazer, para não exceder-se.

A segunda hipótese diz que maior auto-estima e apoio são obtidos de exigências maiores e múltiplas funções, e isto supera os custos dos pesos-extra.

Faça uma Lavagem Mental, ao Voltar do Trabalho para Casa a Cada Dia

Use o tempo em que estiver no ônibus, trem, estrada ou andando para recapitular todas as coisas que ficaram grudadas em você. Remova-as da sua mente. Se precisar lembrar-se de algo para o dia seguinte, tome nota numa agenda. A lavagem mental é parecida com o processo de descontaminação aplicado em muitos empregados que trabalham em ambientes tóxicos. Eles se despem e fazem uma limpeza geral. Não levam veneno para casa. Só que a sua descontaminação precisa ser mental. Deixe as preocupações no lugar de trabalho. Não leve problemas para casa. Desde que é o único pai residente de seu filho, ele precisa de 100% da sua atenção. Dê isso a ele da melhor forma possível.

Reduza ao Máximo suas Horas-extra

Foi descoberto que as mães que trabalham e fazem horas-extra no trabalho, inclusive nos fins de semana, ficam mais estressadas do que os pais, embora estes tenham feito mais horas-extra. Para as mães sozinhas, os fins de semana são importantes para completar os serviços domésticos e para os eventos sociais. Além disso, o estresse para as mulheres tende a ser mais cumulativo do que para os homens. O estresse com a casa e o trabalho se combinam para produzir mais estresse nas mulheres. Isto pode ser apenas uma conseqüência da mudança de posição das mulheres no local de trabalho; mas, por enquanto, é uma realidade que toda mãe sozinha tem de viver.

Reduza as suas Expectativas de Ser um Super-homem

As melhores mães são aquelas que fazem o que precisam sem muita reflexão. O seu papel de mãe deve ser transparente. Se esforçar-se demais, irá provavelmente cometer mais erros do que se relaxar e fizer o que for necessário naturalmente.

Seria bom se pudesse ganhar todos os troféus por ser a melhor em tudo e ouvir o mundo aplaudir a sua atuação significativa e prolífica. Mas você pode estar apenas se abrindo para problemas emocionais. Seu bem-estar pessoal vale mais do que todo aplauso que o mundo pode dar-lhe; portanto, mantenha a sua expectativa dentro de limites razoáveis e acessíveis.

Se Possível, Considere Trabalhar Fora de Casa ou ser Autônoma

Hoje em dia, mais e mais empregos permitem horário e localização flexíveis. Os autônomos ou os que trabalham fora de casa experimentam mais satisfação com o emprego e menos estresse. O impacto na melhoria dos relacionamentos familiares pode ser enorme.

É claro que existem alguns problemas em potencial aqui. Se os filhos ainda estiverem em casa e exigirem grande parte do seu tempo, o estresse talvez se intensifique. Se for uma pessoa muito sociável, trabalhar sozinha em casa pode enlouquecê-la. Mas, se o estresse causado pelo trabalho estiver realmente fora de controle ou se o seu emprego for extremamente desagradável, pode haver algumas vantagens em considerar novos arranjos que irão deixá-la mais tempo em casa ou dar-lhe maior flexibilidade.

Construa um Sistema de Apoio Positivo e Confiável

O que falta mais do que tudo aos pais sozinhos são as amizades íntimas, confiáveis. Procure esse tipo de amizade e cultive-as, dando-lhes prioridade máxima. Sei que vai levar tempo, tomado de seus filhos, mas será um tempo bem gasto. As amizades íntimas nos ajudam a recuperar a nossa perspectiva, removem nossos conflitos e restauram a fé em nós mesmos e em Deus.

Os Pais Sozinhos

Seria imperdoável se eu deixasse a impressão de que só as mães têm de criar os filhos sozinhas. Depois de anos de negligência dos legisladores, pesquisadores e terapeutas, o interesse pelo assunto ganhou as manchetes. O número de pais que criam filhos sozinhos depois do divórcio, mais que triplicou entre 1970 e 1990 e está continuando a crescer. A conclusão final dos que estudaram o tema de criar um filho sozinho é de que há bastante possibilidade de sucesso, apesar das ambigüidades do papel associado a esse aspecto. Em especial, porém, os pais têm dificuldade para equilibrar o trabalho e os cuidados com os filhos, encontrar tempo para estar com eles e restabelecer contatos sociais. Os pais que se decidem a funcionar como pais, parecem ter melhor desempenho do que os que são forçados pelo abandono da mãe a fazer esse papel.

Alguns indagam se o pai tem condições de prover o tipo de amor expressivo, que edifica, oferecido pela mãe. É claro que alguns pais não conseguem e precisam então da ajuda dos outros membros da família para assegurar que seus filhos sejam expostos a vários estilos de amor.

Cada vez mais, porém, os homens estão descobrindo as dimensões mais profundas do seu amor e que ele pode ser edificante e espiritualmente poderoso. Recomendo bastante aos pais que tenham responsabilidades paternais prioritárias que procurem um grupo de apoio para os pais sozinhos (muitas igrejas já oferecem esse tipo de serviço), de modo a exporem o lado carinhoso de sua natureza. Isso não é natural nos homens; precisamos ser ensinados. Ser bom pai não é apenas saber como ouvir seus filhos e participar das brincadeiras deles, por mais importante que isto seja, mas também saber como expressar abertamente o amor. As primeiras tentativas de mostrar-se mais expressivo podem ser realmente embaraçosas.

Desde que os homens têm mais probabilidade de usar a Internet como um recurso do que a biblioteca local ou uma livraria, recomendo vários recursos disponíveis na rede para meus leitores masculinos e femininos. Você pode usar um programa de pesquisa para encontrar o tópico que quiser.

Consulte uma loja local de informática para obter informação sobre programas desse tipo; há vários para vender a um preço bem baixo. Fiz uma pesquisa rápida e descobri muitas informações úteis para os pais sozinhos em alguns endereços. Você encontrará informação sobre grupos de apoio para criar seus filhos sozinho e outros recursos, que não poderia obter há um ou dois anos atrás e que não está certamente disponível na biblioteca ou livraria locais. Existem associações de pais sozinhos, redes de computadores, centros de recursos grande número de mesas-redondas, todos com materiais excelentes disponíveis na Internet. Não há necessidade de reinventar a roda como pai sozinho. Você pode beneficiar-se da experiência de outros.

A Família Continua

Uma das ênfases mais importantes que surgiram recentemente em relação ao problema do pai ou mãe sozinhos é certificar-se de que eles consideram os filhos e a si mesmos *como uma família*. Muitas vezes os pais sozinhos deixam de identificar-se como família.

Jim Smoke, uma das principais autoridades cristãs sobre a condição do adulto sozinho, num artigo publicado no primeiro exemplar de Foco na Família, *Família de um Só Pai* (out.1994) destaca este ponto com grande habilidade. Para muitos pais sozinhos ele escreve, "O sonho de uma família cordial e maravilhosa desapareceu no horizonte quando o sol se pôs no divórcio. Em seu lugar apareceu a dura realidade de dinheiro de menos e necessidades demais. Sob o peso das pressões diárias, não parece haver tempo de qualidade para a recreação familiar e a intimidade emocional. Muitos passam a acreditar que não constituem mais uma família, apenas alguns continuam agarrados ao esqueleto do que poderia ter sido!"

Jim convoca os pais sozinhos a exigir novamente o direito de serem chamados de família e a começarem a se sentir como uma família.

Como pode um pai sozinho fazer isto? Construindo uma percepção familiar mais forte. Chamando a si mesmos de família, com sinceridade e persistência, você pode assegurar-se de que seus filhos passem a crer nisso. Use a palavra *família* com freqüência. Inclua a sua família de origem, mais ampla, estendida, na sua família nuclear. Não se refiram a vocês mesmos como família dividida. Seu casamento pode ter fracassado, mas os filhos e você continuam constituindo uma família.

Estas são algumas sugestões práticas oferecidas por Jim Smoke sobre como funcionar como família, acrescentadas por algumas das minhas:

Planejem passeios com a família onde cada membro participe de alguma forma.

Não vá pescar se um membro não apreciar a pesca. Descubra algo que TODOS gostem. Use um processo democrático de votação em tudo que envolver a maioria dos membros da família.

Visitem Freqüentemente sua Família mais Extensa

Lembro-me de como isto me ajudou. Visitávamos tias e tios, avós, e até parentes distantes com freqüência. Eu tinha assim uma sensação da família maior à qual pertencia.

Apóiem-se uns aos outros na escola, nos esportes ou outros eventos.

Estejam sempre prontos para se apoiar. Sejam chefes de torcidas uns para os outros. Encorajem uns aos outros em tudo que fizerem.

Mantenham suas Tradições Familiares

As famílias com um só dos pais muitas vezes abandonam as tradições familiares. Esforcem-se ao máximo para mantê-las. Não hesitem em dar também começo a outras.

Mantenham o crescimento espiritual da família progredindo juntos.

Continuem com os seus devocionais, reuniões de oração, reuniões da igreja. Façam serviços da igreja juntos com outras famílias para demonstrar que são também uma família. Ignorem quaisquer sentimentos paranóicos ou constrangedores que possam surgir em sua mente!

Criem uma atmosfera familiar agradável e bem-humorada.

Os lares onde só há um dos pais podem facilmente tornar-se tristes. O riso é uma conveniência escassa hoje em dia, mas não pode ser mais escassa do que nos lares de divorciados. Procurem animar então as coisas. Façam brincadeiras uns com os outros. Inventem anedotas engraçadas, façam jogos onde possam rir. Assistam a filmes humorísticos. Riam mais, chorem menos. O riso é um bom remédio para o corpo e o espírito.

A Igreja Pode Ajudar Mais

Tentei mostrar neste livro que os pais e outros adultos interessados podem ajudar as crianças através do trauma do divórcio e como minimizar o dano emocional causado. Estou convencido de que a igreja cristã pode e deve desempenhar um papel importante nesta tarefa crucial. Muitas igrejas ignoram as necessidades especiais das famílias divorciadas. Se a sua igreja é assim, converse com o pastor e veja se é possível mudar as coisas. Caso negativo, procure uma igreja que faça isso. O bem-estar da sua família deve vir antes da lealdade a qualquer corpo local de pessoas que se chamam de igreja.

Para os pastores ou líderes de igreja que estejam lendo este livro, assim como para os pais sozinhos que queiram algumas idéias de como mudar a situação, estes são alguns dos meios específicos em que as igrejas podem ser úteis.

As igrejas devem ser instruídas a aceitar os filhos do divórcio e seus pais com muito mais amor e espírito de perdão.

Já ouvi algumas histórias de horror sobre como as igrejas tratam os pais sozinhos, especialmente os divorciados. Tais igrejas devem envergonhar-se do seu comportamento pouco amoroso e inconveniente. Não importa como o cristão se sinta sobre o divórcio em si, fica claro que há sempre baixas no campo de batalha e os filhos são as vítimas inocentes. Acredito que a igreja, ao aceitar sem estigma os filhos do divórcio e ao estender o perdão de Deus aos pais, pode desempenhar um papel importante para facilitar sua cura e crescimento. Quem sabe se a igreja não ficaria até mais saudável com esta atitude? Tal amor e aceitação pode servir também para ganhar os filhos do divórcio para a fé. Muitos deles perdem a confiança num Deus amoroso.

Os pastores podem ser mais compreensivos quanto às pressões experimentadas pelos pais divorciados e organizar grupos de apoio para eles.

A prática corrente de reunir os pais sozinhos, os divorciados sem filhos, e os solteiros no mesmo grupo não é sempre a melhor maneira de prestar ajuda. As circunstâncias desses três grupos são muito diferentes para serem tratadas do mesmo modo. Cada um deveria ter seu próprio sistema de apoio. Os pais sozinhos precisam ser cuidados separadamente dos outros grupos. Eles têm necessidade de ajuda com as crianças, precisam de babás, de reunir-se mais vezes com as famílias regulares, e de muito apoio e encorajamento.

Os pastores podem trabalhar também para mudar a atitude dos pais ausentes (especialmente o pai) em relação a aceitarem mais responsabilidade para com os filhos.

Muitos pais ausentes acabam se casando e freqüentando outras igrejas como se nada tivesse mudado. Eles supõem calmamente que têm pouca ou nenhuma obrigação com os filhos do primeiro casamento. Afinal de contas, têm agora uma nova família para cuidar. Os pastores podem ser úteis na educação desses pais ausentes quanto às suas duplas responsabilidades.

As igrejas precisam ser mais ativas em oferecer aconselhamento para os pais divorciados e para os problemas dos filhos.

Conselheiros cristãos competentes e treinados, tanto profissionais como leigos, estão se tornando cada vez mais disponíveis para servir a igreja quer na congregação ou fora dela, mediante recomendação. É importante que a igreja se aproveite desses recursos e os coloque à disposição do pai sozinho. O divórcio é sempre uma situação penosa para os pais e especialmente para os filhos. Minha opinião, porém, é que muitas das conseqüências negativas do divórcio que discutimos neste livro podem ser evitadas mediante aconselhamento. A igreja cristã, sempre defensora da família, tem todas as condições para realizar isto. A crise que confronta a família em nossos dias precisa de uma ação corajosa e terapêutica para ser exterminada. Se os cristãos não agirem, quem agirá?

14
Construindo uma família mista

Conforme estimativas feitas, quando os divorciados voltam a casar-se, eles passam a ser uma das 1300 novas famílias formadas *todos os dias* nos Estados Unidos. Quase 60% desses novos casamentos irão infelizmente terminar em divórcio.

Há muitas razões para o segundo ou terceiro casamentos falharem; mas, na minha opinião, uma supera todas as outras. O casal não consegue misturar com êxito as duas famílias.

O termo *mista* como usado aqui, significa a fusão de dois pais descasados e seus filhos numa nova família nuclear competente, atuante e sadia. Algumas vezes só um dos cônjuges contribui com filhos de um casamento anterior. Embora a fusão pareça ser um pouco mais fácil neste caso, ela continua sendo bem problemática.

Como regra geral (e todas as regras gerais têm as suas exceções), pode ser dito que quanto mais filhos há numa família mista, tanto maior a tensão nessa família. Isto acontece simplesmente por haver mais indivíduos cujas necessidades têm de ser levadas em conta. Desde que a união das duas famílias pode quase dobrar o tamanho da mesma, um reajuste considerável terá de ser feito por todos.

Viver numa família original grande não é o mesmo que viver numa família mista grande. As famílias grandes podem ser divertidas. Os filhos de famílias grandes são tipicamente mais saudáveis e felizes do que os de famílias pequenas. Mas elas crescem gradualmente, enquanto as famílias mistas grandes surgem instantaneamente! Assim como qualquer coisa instantânea não tem as mesmas características que a verdadeira, as famílias grandes instantâneas irão pôr à prova até o caráter dos anjos!

Meu foco neste capítulo não vai ser tanto a tarefa do padrasto, mas a tarefa mais complexa de fundir a família. Este é um encargo que exige compromisso sério caso deva ter sucesso. Mesmo que acabe sendo uma tarefa impossível, o casamento deve porém sobreviver. Qualquer seja o resultado, você deve assegurar-se de que seu relacionamento prioritário como marido e mulher permaneça intacto.

Para finalizar, quero que saiba que não existe um meio único de misturar uma família. Há muitas maneiras da família aprender a viver em conjunto. Se tiver algum meio ideal em mente, descarte-o já! As famílias mistas que têm sucesso tomam muitas formas. Conheci famílias que tiveram êxito, nas quais os filhos não falavam uns com os outros e onde refeições separadas tinham de ser feitas para manter a paz. Se tudo vale no amor e na guerra, qualquer estratégia e modelo tem valor para misturar uma família.

O ponto crucial ao redor do qual tudo gira, é o amor mútuo dos pais que os tornou determinados a sobreviver. Eles aprenderam a ser fortes e venceram as diferenças de personalidade e os conflitos entre os filhos, mantendo um compromisso sólido um com o outro.

Qual a Sua Contribuição para a Nova Família?

Para compreender o processo de fusão, você precisa fazer um inventário da sua contribuição para a nova família. Ajuda ser honesto neste ponto e enfrentar a realidade.

Recapitular a sua contribuição também ajuda a prever quais serão as armadilhas e os problemas que poderão surgir. Com uma previsão cuidadosa você poderá extingüir o problema antes que ele se instale.

Por exemplo, lembro-me de ter aconselhado uma mãe divorciada cujo filho de oito anos não gostava de voltar da escola e encontrar o apartamento vazio. Por ser um tanto imaturo para a sua idade e sofrendo de um caso severo de angústia da separação, o menino ficava pelos cantos no apartamento até que a mãe chegasse. Depois disso, durante uma ou duas horas, ele continuava a mostrar-se obstinado, negativo e difícil de lidar.

O menino claramente não conseguia conter a raiva por ser deixado sozinho. A mãe compreendeu felizmente isto e sabia que a ira dele seria um problema no seu novo casamento. O seu pretendente a marido tinha duas filhas mais velhas que iam para a casa de amigas até que o pai as pegasse ao voltar do trabalho. Perguntei à mãe como o filho podia ser ajudado a superar a raiva e a angústia da separação. Enquanto recapitulávamos juntos o caso, a mãe me contou que sua irmã morava suficientemente perto e o filho poderia ir para a casa dela depois da escola. A irmã também tinha um filho, um pouco mais velho e o menino gostava muito do primo. Pelo menos durante o primeiro ano do novo casamento, o filho dela podia ficar então com o primo até a mãe ir buscá-lo depois do trabalho. Ela conversou com o menino que pulou de alegria diante da idéia. Uma dificuldade óbvia tinha sido prevista e o problema evitado.

Inventário dos Próvaveis Problemas

Este é um inventário que pode sugerir futuros problemas em potencial para a sua nova família:

1. Examine velhos hábitos.
Pergunte a si mesmo: Que padrões de comportamento, saudáveis ou não, podem causar problemas? Por exemplo, seus filhos implicam excessivamente uns com os outros? Eles brigam por um território pessoal? Eles se irritam facilmente uns com os outros? As suas respostas irão sinalizar as áreas que precisam de atenção especial.

2. Examine velhos medos.
Pergunte a si mesmo: Quais os medos de meus filhos? Os menores têm medo do escuro, da vizinhança, de um valentão na escola, de um professor, ou de cachorros? Os cães podem ser um problema se o seu novo parceiro tiver um cachorro de estimação que pretenda introduzir na família!

3. Examine exemplos de conflitos passados.
Seus filhos resistem ao excesso de autoridade? Seu novo cônjuge tende a ser autoritário? Seus filhos podem olhar as crianças do "outro lado" com muita suspeita. Problemas anteriores com figuras de autoridade podem fazer surgir novos problemas.

4. Examine conflitos entre irmãos.
Conflitos severos anteriores entre irmãos podem ficar piores na nova situação familiar. Uma criança de um lado tentará colocar as outras contra a vítima ou até formar alianças com outras crianças. Essas atitudes devem ser identificadas antecipadamente e resolvidas. Peça ajuda se necessário, mas não carregue velhas guerras com você para a nova família.

5. Examine problemas de comportamento anteriores.
Se uma criança comportar-se mal na escola, roubar, contar mentiras, maltratar ou enganar alguém, não espere que esses problemas desapareçam sem intervenção deliberada. A nova

situação familiar oferece um campo inteiramente novo para que esses comportamentos inconvenientes aumentem. Não fique cego em relação ao caráter e aos problemas de comportamento de seus filhos.

6. Examine problemas emocionais anteriores.
As crianças com problemas emocionais (tais como ansiedade severa ou tendências depressivas) não se ajustam bem sem ajuda numa nova situação familiar. Alguns problemas emocionais podem ser rapidamente controlados com medicação ou terapia adequada e isto ajudará a criança a melhorar a sua capacidade de enfrentar as situações. Não hesite, portanto, em obter esta ajuda. É surpreendente como a depressão severa evidente ou um sistema hormonal hiperativo pode ser ignorado como causa do mau comportamento emocional. Procure ajuda profissional competente antes de tentar fundir duas famílias.

Obstáculos para Construir uma Família Mista

Quais os obstáculos que impedem claramente o caminho para uma fusão satisfatória de duas famílias? Na maioria das vezes, esses fatores podem ser vistos como "sobras" dos problemas não-resolvidos de um casamento anterior.

A história de Estela oferece um bom exemplo disso. Seu marido a abandonou quando ela estava grávida de seis meses. Ele disse que se apaixonara pela amiga mais íntima da mulher. Abandonada pelo marido, tanto financeira como emocionalmente, e traída pela melhor amiga, Estela tornou-se uma reclusa. Ela afastou-se das amigas e da família. Teve depois o bebê (um menino) e procurou construir sua vida sem qualquer apoio das amigas íntimas.

Ficou tão ferida pela traição e abandono do ex-marido que nunca mais confiou em ninguém. Temia que as amigas a traíssem e manteve então distância de todos os relacionamentos íntimos.

Seis anos se passaram e ela veio a conhecer Franco, um vendedor divorciado, que passou a trabalhar na mesma companhia em que Estela estava empregada. Ela enamorou-se de Franco e durante algum tempo Estela experimentou novamente a confiança e o amor. Eles se casaram e logo depois da primeira semana ela começou a duvidar do amor do marido. Ficou enciumada, suspeitosa, desconfiada e, às vezes, até declaradamente paranóica. Estela temia que Franco a abandonasse como o primeiro marido fizera.

É claro que tudo isto causou impacto no filho dela. Ele tornou-se difícil de controlar. Em várias ocasiões atacou Franco violentamente, querendo proteger a mãe à sua maneira infantil.

O novo casamento estava se deteriorando rapidamente quando Franco compreendeu que o medo de Estela estava muito compreensivelmente ligado a uma mágoa não-resolvida do casamento anterior. Ele procurou ajuda profissional, não só para Estela, como para toda a família. Em algumas semanas de terapia, os relacionamentos começaram a melhorar.

Algumas vezes as "sobras" se referem aos filhos. Por exemplo, problemas de medo, ira e comportamento provocados por um pai alcoólatra podem prejudicar seriamente as tentativas de formar uma família mista. A inveja por parte dos pais ou dos filhos, ressentimento não-resolvido contra um ex-cônjuge e problemas de personalidade precisam ser tratados, caso você queira maximizar a saúde da nova família.

Fico às vezes maravilhado ao ver como a Bíblia é verdadeira. Os pecados dos pais (e das mães) passam para os filhos "de geração a geração". O estabelecimento de uma nova família é o momento ideal para quebrar o padrão neurótico hereditário e dar início ao jogo familiar com novas regras.

Pode As Suas Expectativas

Não é de surpreender que expectativas muito elevadas sobre

como a nova família vai funcionar podem ser também um obstáculo.

É natural que quando a primeira experiência foi decepcionante, a pessoa tenha grandes expectativas para os futuros relacionamentos. Você faz bem em estabelecer alvos elevados para formar os melhores relacionamentos familiares que puder. Mas não coloque as suas expectativas em um plano excessivamente elevado, ou irá com certeza falhar. Será melhor manter os pés no chão. Enfrente corajosamente os obstáculos. Analise francamente os seus problemas. Espere certas áreas de conflito e mal-entendidos e esteja preparado para lidar com elas. Planeje vencê-las e lembre-se sempre: Os bons casamentos, assim como as famílias sadias, são como lindos jardins — a sua beleza é devida aos cuidados e atenção que recebem. Deixados por conta própria, os jardins degeneram em depósito de ervas daninhas e lixo.

As expectativas irreais colocam pressão demasiada sobre todos os membros da família. As expectativas são "tomadas de empréstimo" de alguma família idealizada ou da fantasia. Não há um molde único para as famílias. Algumas se reúnem para tomar as refeições. Outras comem em horários e lugares diferentes. Algumas fazem coisas em conjunto, outras seguem caminhos separados. Todas essas maneiras são aceitáveis.

É praticamente um desastre forçar a família a conformar-se a um padrão ideal. Permita que a sua família encontre uma fórmula especial de unidade. Esta é a melhor garantia de sucesso.

De fato, a idéia de que cada família é única e precisa descobrir e afirmar sua própria singularidade pode dar maior liberdade aos seus membros e atraí-los mais. Lembro-me de que quando tinha sete ou oito anos (muito antes do divórcio de meus pais) eu observava atentamente as outras famílias e como elas funcionavam. Pareciam que estavam sempre agindo certo e nós sempre errado. Pareciam funcionar como uma unidade. Nós parecíamos desorganizados. Os filhos tinham de entrar em determinada hora porque a mãe era muito severa e nós ficávamos sentados aborrecidos e sozinhos depois de escurecer.

Certo dia comecei uma conversa com meu amigo da família "ideal". Contei-lhe minhas impressões sobre a família dele. Para minha surpresa, ele disse que todos invejavam meu estilo de vida mais livre e pais camaradas. Eles gostavam mais de ficar na minha casa do que eu. Eu preferia a deles. Que confusão!

Esta descoberta foi importante para mim. Ela ensinou-me que cada família é única. Valorize esta singularidade. Respeite-a. E, acima de tudo, aprenda a ser feliz e a contentar-se com ela. Se meus pais tivessem compreendido um pouco melhor este princípio, talvez o casamento deles não tivesse acabado em divórcio. Mas, aqui vou eu — esperando demais outra vez!

Construindo uma Nova Identidade como Família Mista

Ao continuar o tema da singularidade de cada família, permitam que diga que a melhor aplicação deste conceito é na família mista. Embora uma nova identidade deva emergir para a nova família, os pais devem manter-se suficientemente abertos para aceitar o fato de que há limitações para a fusão da família mista em uma entidade única. Você talvez tenha de acabar aceitando várias unidades separadas.

Na verdade, eu chegaria ao ponto de recomendar aos casais que nem sequer tentem formar uma entidade única, concentrando-se apenas na formação de uma identidade. Isto deve permitir suficiente variação para dar a cada um a liberdade de ser ele mesmo. Se a família parecer fragmentada para você, paciência! Deixe que ela descubra sua própria maneira de relacionar-se.

O processo de formação de uma família assim, dependerá em grande parte da idade dos filhos. A mãe com um filho, que não pode ter outros filhos, e que se casa com um homem sem filhos, está numa posição muito melhor para formar uma nova entidade familiar do que dois pais com três filhos cada um, cujas idades variem de seis a dezesseis anos. Neste último caso, os pais devem permitir uma variação muito maior do que a de uma família nuclear.

Um meio útil de visualizar a sua nova família mista é pensar nela como abrangendo duas "mini-famílias". Cada uma terá sua própria identidade, padrões de comportamento e peculiaridades distintos. Levará tempo, de três a cinco anos talvez, para que qualquer fusão significativa ocorra. Anos podem passar antes que a família desenvolva um forte senso de identidade.

Isso talvez nunca aconteça para alguns. Mas, pode crer, é bastante aceitável. O alvo supremo não deve ser que todos sintam que pertencem a uma só família, mas sim libertar todos para viverem juntos no amor, aceitação e coexistência cristã pacífica.

Este é o único alvo aceitável. Escreva estas palavras num cartão e coloque onde possa lê-las regularmente:

O único alvo para a minha família é podermos viver juntos em amor, aceitação e coexistência Cristã pacífica.

Se, durante o processo, surgir uma identidade como família única, considere isto como a cobertura do bolo — um pequeno bônus que você não esperava!

Estágios na Fusão da Família

Vários estágios são claramente identificáveis na fusão da família. Cada estágio, quando bem compreendido, pode ser incentivado mediante planejamento cuidadoso.

O primeiro estágio é ajudar cada membro a aceitar os outros. Isto leva tempo. Muito vai depender da idade dos filhos. Crianças muito pequenas e adolescentes geralmente aceitam facilmente a mudança. As crianças pequenas ainda não entendem muito bem as coisas e os adolescentes mais velhos já possuem suficiente traquejo social para fazer os ajustes necessários. São os filhos do meio, de cinco a treze anos, que têm maior dificuldade. Pode ser útil salientar a diferença entre aceitar alguém e gostar de alguém. Ninguém pode ser forçado a gostar de uma pessoa. Gostar é uma atitude emocional e só aparece quando você passa a conhecer bem o indivíduo. Aceitar é uma questão de cortesia. Pode ser oferecida num momento. Você decide que outra pessoa tem tanto direito de estar ali quanto você. É um comportamento e não um sentimento, em que você faz coisas boas e diz palavras amáveis. Mostra respeito pela propriedade e pela pessoa.

Demonstre a sua expectativa de que haverá aceitação básica de todos de maneira prática, numa reunião familiar ou até para cada criança individualmente. Elogie cada criança por ser amável e mostrar respeito pela outra pessoa. Estabeleça conseqüências claras (por exemplo, retirando um privilégio) para qualquer comportamento que não seja coerente com a aceitação. Não deixe de aplicar a disciplina estabelecida em cada caso.

Acima de tudo, seja paciente e longânimo. Não espere que seus filhos façam o que você não modela para eles.

O segundo estágio é estabelecer um sistema de controle. É aqui que os problemas começam realmente a brotar. Em minha opinião, os casais cometem mais erros neste ponto do que em qualquer outra área da vida em família.

É essencial o estabelecimento de um sistema executivo na família, assim como cada pai deve ter capacidade para marcar limites e oferecer orientação para cada filho.

Quero distingüir claramente, desde já, entre castigo e disciplina. Castigar é "ferir" como os pais foram feridos. Disciplina é uma atividade de ensino, destinada a ajudar as crianças a aprenderem o comportamento apropriado. O castigo é quase sempre prejudicial e a disciplina sempre útil. As diferenças essenciais podem ser resumidas como segue:

Castigo	**Disciplina**
Reage sempre com raiva.	Reage sempre com calma.
Busca sempre vingar-se.	Busca sempre ajudar.
Raramente avisa com antecedência.	Sempre dá aviso.
Reage com impaciência.	Sempre paciente.
Motivado pela vingança.	Motivado pelo amor.

Antes de reagir contra o comportamento da criança e assegurar que está realmente querendo disciplinar e não punir, faça a si mesmo estas perguntas:

1. Estou zangado demais para ser objetivo e útil?
2. Meu motivo é magoar ou ajudar?
3. Dei aviso adequado para que meu filho tivesse oportunidade de mudar ou evitar as conseqüências?
4. Existe ainda alguma oportunidade dele mudar o seu comportamento?

Se a sua resposta for sim para as duas primeiras perguntas e não para as duas segundas, você está provavelmente querendo castigar e não disciplinar.

Os princípios fundamentais para a disciplina eficaz são simples:

1. Sempre que seu filho fizer algo que você reprove, diga-lhe calmamente para não repetir.
2. Estabeleça uma conseqüência clara para qualquer repetição do comportamento indesejado. A conseqüência deve corresponder ao comportamento e ser justa. Proibir de assistir TV durante um mês porque Sara não arrumou o quarto é castigo excessivo.
   Discuta com seu filho sobre qual deve ser a conseqüência *justa*. Lembre-se também que a criança tem memória curta e não espere então que ela se lembre das ameaças de ontem.

Faça com que seu filho se lembre do seu pedido na hora do comportamento e dê-lhe uma oportunidade para corrigir o seu erro ou mostrar a atitude adequada.

3. Cumpra o que prometeu se a criança se recusar a obedecer. Desde que a criança entenda o que é desejado dela e quando a conseqüência for justa, o resultado é sempre positivo.
4. Se a criança se recusar a obedecer, aumente então a severidade da conseqüência. Permita sempre um meio de escapar para que a criança possa corrigir o seu comportamento e receber de volta o privilégio.
5. Reserve a disciplina física para os comportamentos perigosos. "Da próxima vez que jogar areia no rosto de sua irmã...", ou "Da próxima vez em que fugir para a rua...", pode ser seguido das palavras, "vai levar uma surra". A seguir, tenha a certeza de que não está zangado quando bater em seu filho.

É preferível que um parente natural da criança aplique toda a disciplina por razões que explicarei na próxima seção.

O terceiro estágio na fusão de uma nova família é o funcionamento harmonioso. Eu talvez deva dizer de "relativa harmonia". É pouco razoável esperar que possa ser obtida total harmonia. Um grau justo de respeito e afeto mútuos é, porém, sempre possível.

Quem Deve Aplicar a Disciplina?

Um erro grave cometido pelos padrastos (madrastas) é aceitarem muita responsabilidade pela disciplina de outras crianças. Um princípio importante a ser lembrado é este: *Cada pai natural deve aceitar a principal responsabilidade pela disciplina de seus próprios filhos.*

Por que digo isto? Muito simplesmente porque se não fizer isto, você infringe o senso de justiça da criança. Bem lá no fundo, as crianças aceitam que o direito de disciplinar pertence ao pai natural. Eles se ressentem quando esse direito é exercido por um padrasto, por mais justa que seja a disciplina.

Este é um fato do comportamento humano. Muitos padrastos ficam perturbados com o mesmo. Eles percebem todos os defeitos do enteado (no geral não vêem as mesmas falhas em seus próprios filhos) e acreditam que sabem exatamente como lidar com o infrator. A sua atitude já os impede de ser imparciais. Algumas mães entregam alegremente a responsabilidade da disciplina ao novo parceiro sem perceber quanto ressentimento isto provoca.

Sei que há exceções, mas são poucas. Os comportamentos perigosos devem ser tratados e não importa quem aplique a disciplina nestes casos. Peça à polícia que faça isso, se necessário. Mas os problemas triviais de conflito e ajuste são melhor tratados pelo pai natural e devem incluir o pai natural ausente sempre que possível. Como padrasto, você pode finalmente ganhar o direito e o respeito para ser quem disciplina, mas no começo tome cuidado, apóie o seu cônjuge e fique na retaguarda.

Resolvendo Conflitos

Todo pai deve ter habilidade para a resolução de conflitos. Os conflitos surgem todos os dias com surpreendente regularidade em cada família. É quase impossível existir uma família sem conflitos! Em minha opinião, só podemos ficar livres de conflitos mais tarde na vida, depois dos filhos terem saído do ninho. A ausência de um conflito aberto nem sempre é necessariamente um bom sinal. Pode ser apenas uma crosta fina sobre um vulcão em efervescência.

Os membros da família têm cada um as suas próprias necessidades e elas irão colidir inevitavelmente com as dos outros. Numa família mista, todo um novo conjunto de necessidades é lançado na arena. As famílias sadias são saudáveis por saberem como resolver seus conflitos rapidamente e os pais que têm habilidade para resolver problemas são os melhores pais!

Abaixo estão os quatro tipos básicos de conflito familiar:

1. Conflitos de personalidade.
Estes são os mais comuns. Em termos simples, duas pessoas não se gostam. Algumas vezes é por serem tão parecidas e cada uma detesta o que vê a seu próprio respeito na outra. Em outros casos, o conflito pode ocorrer em vista dos dois serem temperamentos opostos e um não conseguir entender o outro. Eles se engalfinham todo tempo. Quando um diz que está frio, o outro afirma que faz calor. Um diz leste e o outro oeste. Parecem estar sempre em campos contrários em qualquer terreno.

Os conflitos extremos de personalidade podem exigir que você separe totalmente os filhos. Coloque-os em quartos separados; dê-lhes armários, banheiros, roupas e até refeições separadas. É um grande erro forçar as pessoas a viverem muito próximas quando não se entendem.

2. Conflitos relativos às necessidades pessoais.
A criança pode ter uma necessidade forte que não pode ser satisfeita e esta aflora na forma de ira ou ressentimento. Por exemplo, um rapazinho separado do pai natural e precisando do seu afeto e atenção pode tornar-se excessivamente agressivo e até destrutivo. Ou uma filha que precisa da atenção da mãe pode chorar muito porque a mamãe está passando a maior parte do tempo com o novo cônjuge.

A solução aqui é simples: Ajude seus filhos a satisfazerem as suas necessidades e, se isto não for possível, dê-lhes então ampla oportunidade para falar sobre a razão dessa necessidade. As crianças no geral não sabem porque estão em conflito. Ouvir com sensibilidade e paciência ajudará tanto você como seu filho a descobrir a fonte do problema. Uma vez que saiba a fonte, uma solução irá apresentar-se claramente por si só.

3. Conflitos devidos a mal-entendidos.
Aceite o fato de que haverá muitos momentos em que seus filhos (naturais e enteados) irão odiá-lo. O ódio é simplesmente uma distorção do amor.

A criança é algumas vezes imatura demais para compreender. Como pais, nem sempre tomamos tempo para explicar ou dar razões para as coisas serem como são. Os pais devem aos filhos explicações claras e uma oportunidade para resolver qualquer mal-entendido.

4. Conflitos de autoridade.
Os pais devem mostrar a sua autoridade aos filhos. Isto fornece segurança e uma mensagem clara sobre os limites da liberdade deles. As famílias dominadas pelo "poder da criança" são caracterizadas pelo caos e a infelicidade. Se os pais não afirmarem a sua autoridade enquanto os filhos são bem pequenos, será difícil começar a fazê-lo quando ficarem mais velhos.

Não seja inflexível e evite castigos físicos. Aprenda a dizer não e diga quantas vezes precisar sem sentir-se culpado. Diga isso com firmeza e coerência. As crianças devem ser corrigidas e disciplinadas quantas vezes necessário, desde que é assim que elas aprendem. Nunca use, porém, termos como mau, malvado, imprestável ou idiota. Eles solapam a autoestima da criança e ninguém merece ser tratado desse jeito, menos ainda uma criança.

Alguns Princípios para a Solução de Conflitos
O problema da solução de conflitos é extenso demais para ser tratado aqui. Há, porém, três objetivos a serem lembrados sempre que você tenta resolver conflitos entre os filhos ou entre os pais e os filhos:

1. **Todos devem ganhar.** Nenhuma solução de conflito é eficaz quando alguém perde.

2. **Tente ao máximo ser compreendido.** A compreensão é mais importante do que o acordo.

3. **Nunca destrua o auto-respeito do outro.** Nenhuma solução de conflito é eficaz quando os problemas são resolvidos às custas do auto-respeito da outra pessoa.

Como esses alvos serão alcançados? Tentando primeiro compreender o ponto de vista de cada lado. Mostrando que compreender é mais importante do que chegar a um acordo.

Cada um desses objetivos tem uma importante função em mente. Ninguém gosta de perder. As crianças pequenas não têm capacidade para aceitar o fracasso sem se sentirem envergonhadas; portanto, sempre que houver conflito, cada participante deve sair dele sentindo que não perdeu seu valor pessoal.

A arte de chegar a um meio-termo é muito útil aqui. Pergunte a si mesmo: "O que posso negociar para que o outro lado desista do que está querendo?" Se, por exemplo, duas crianças ficarem discutindo sobre ir ao cinema ou ao jogo de boliche, nenhuma delas precisa perder. Se for um filme esta noite, então será o boliche na semana que vem, ou vice-versa. É surpreendente a facilidade de encontrar um meio-termo ou negociar na maioria dos conflitos, a fim de que ambas as partes ganhem.

Compreender outra pessoa é mais importante do que concordar com ela. Quase todos sentimos porém uma tensão estranha quando tentamos compreender uma posição oposta. Tememos a necessidade de mudar! É exatamente por isto que devemos nos concentrar em compreender e não em chegar a um acordo. É possível que você acabe mudando de opinião!

Eis um exemplo. Suponhamos que seu enteado de 17 anos queira passar um fim de semana na casa de um amigo. Você não gosta do amigo e desconfia da moral dele. Você prefere que seu enteado vá à igreja no domingo com o resto da família e acaba exercendo a sua autoridade e negando o pedido. Você explica que não aprova o padrão moral do amigo. Seu enteado diz: "Ele é ótimo", você responde: "É um marginal". Você quer que mude de amigo, mas o rapazinho prefere ficar com ele.

O que deve fazer? Concentre-se na compreensão em primeiro lugar. Esqueça sobre levá-lo a concordar com a sua opinião a respeito do amigo. De fato, você provavelmente não conseguirá fazê-lo concordar com isso. Sente-se então e converse. Diga — Sei que não concordamos sobre o seu amigo, mas quero que me explique um pouco melhor como ele é. — Mantenha a posição de tentar entender. Mesmo que nada mais mude, seu enteado irá respeitá-lo mais pela sua tentativa de compreender o seu ponto de vista e há sempre a possibilidade de você ou ele vir a mudar de opinião.

Não importa o que aconteça quando tentar resolver conflitos; proteja sempre a auto-estima de seu cônjuge ou filho. Esta é uma obrigação que todos os pais têm o tempo todo. A auto-estima é o fundamento da boa saúde mental. A criança continuamente criticada e desvalorizada, ou que é levada a sentir-se inadequada ou sempre errada, que é constantemente comparada com irmãos, primos ou iguais mais competentes, jamais tentará melhorar. De fato, essas crianças se tornam desmotivadas, preguiçosas e rebeldes. Os filhos têm um jeito estranho de "não corresponder às nossas expectativas".

Alguns "Não" Importantes

Não permita que os filhos tomem o controle. Muitas vezes, especialmente quando os pais estão dominados pela culpa, a prioridade é dada às necessidades dos filhos. Os pais ficam com medo de dizer não, dar ordens, ou disciplinar. Eles temem a perda do amor e querem evitar o confronto. Não abdique da sua responsabilidade. Mostre-me uma família dominada pelos filhos e lhe mostrarei pais covardes tentando comprar amor.

Não tenha medo de ser o chefe. As crianças, por natureza, querem testar os limites para ver até onde podem chegar. Isso é algo instintivo! Elas não respeitam os pais que cedem. As regras devem ser claramente estabelecidas e postas em prática.

Não espere amar seus enteados desde o começo. Não espere também que seus enteados mostrem amor por você. O amor é algo que tem de ser conquistado. Você dá amor primeiro e um dia será recompensado por vê-lo retribuído.

Não compare seus enteados com seus filhos. Isto só aumenta o conflito na família.

Não tenha favoritos entre qualquer dos filhos. Seja justo com todos.

Alguns "Sim" Importantes

Tenha um comportamento amoroso sem levar em conta o que a criança faça em relação a você. A coerência é importante.

Converse regularmente com seus filhos para descobrir o que estão pensando e sentindo. Reuniões regulares da família podem ajudar a reduzir os mal-entendidos.

Permita que todos os sentimentos sejam expressos e ventilados. Reprimir os sentimentos é acumular problemas. Todavia, não permita que sentimentos, especialmente de ira sejam postos em prática. É suficiente falar sobre eles.

Fique aberto para aprender com as novas personalidades de seus enteados.

Passe tempo em oração. Peça a Deus para manter sempre novo e vivo o seu amor pelo seu novo cônjuge, por seus filhos, e pela dádiva de Deus para você — seus enteados. Veja a sua tarefa de cuidar e ser amiga deles como um chamado especial. Forme uma nova família com a mesma determinação que usaria para servir em qualquer campo missionário. Nenhuma tarefa é mais santa do que leia cada capítulo inteiro pelo menos uma vez antes de usar este guia de estudo. Leia novamente ao responder as perguntas.

Guia de estudo

Leia cada capítulo inteiro pelo menos uma vez antes de usar este guia de estudo. Leia novamente ao responder as perguntas.

Capítulo 1 — Divorciado aos 12 Anos

1. Sem aprovar o divórcio, faça uma lista das razões para os casais desejarem a separação. Quais dessas razões você considera legítimas? Quais não são?
2. Como o fato de ser cristão muda qualquer dessas razões para desejar o divórcio? Como não muda?
3. Se você for um filho do divórcio (ou conhecer alguém que é), que efeitos posteriores pode identificar na sua vida?
4. Que fatores, experiências ou pessoas ajudaram a curar as emoções? Como você pode ser útil a outros que agora precisam dessa cura?

Capítulo 2 — Os Efeitos Perniciosos do Divórcio

1. Quais os perigos inerentes quando a pessoa acredita que o divórcio não produz efeitos prejudiciais nos filhos?

2. Os efeitos perniciosos do divórcio sobre os filhos dependem em grande parte do estágio da infância em que ele tem lugar.
   Em qual estágio a criança seria menos afetada e em que qual ela seria mais afetada? Por quê?
3. Por que alguns divórcios têm mais efeitos prejudiciais sobre os filhos do que outros?
4. Há algumas circunstâncias em que o divórcio, ou pelo menos a separação, pode ser a melhor coisa a ser feita. Quais são essas circunstâncias?
5. Examine novamente os sentimentos penosos explorados na segunda parte deste capítulo. Note a progressão de um para outro. Como cada um desses sentimentos pode ser reduzido ou transformado em sentimentos positivos e que promovam a cura?

Capítulo 3 — Curando o Seu Ressentimento

1. Onde toda a cura deve começar? Que implicações isto tem para a sua vida?
2. Por que você acha que o ressentimento é uma emoção destrutiva?
3. Nós nos apegamos, justificamos e acumulamos os ressentimentos como nenhuma outra das criações de Deus. Como isto está ligado à sua natureza pecaminosa e egoísta?
4. Recapitule os passos sobre como lidar com os ressentimentos, aplicando-os às circunstâncias da sua vida.

Capítulo 4 — Erros Comuns dos Pais Divorciados

1. Como você lida geralmente com seus sentimentos de culpa? Que provisões Deus fez para toda a nossa culpa?
2. Quase sempre os cônjuges ausentes são os pais. Por que muitos filhos sobrevivem muito bem sem um pai no lar e com o que o pai contribui para o desenvolvimento do filho?

3. Por que é mais fácil para o filho ajustar-se às mudanças resultantes do divórcio se elas ocorrerem aos poucos? Há circunstâncias em que a mudança súbita e total é preferível?
4. Ficamos mais fortes e nos tornamos mais semelhantes ao que Deus quer que sejamos quando aprendemos dos erros passados.
   Faça uma lista curta dos erros que cometeu na sua vida. O que aprendeu deles?

Capítulo 5 — Os Sentimentos de Seu Filho

1. O mundo dos sentimentos da criança é precioso e muito vulnerável. Como podemos proteger esses sentimentos antes, durante e depois do divórcio?
2. De todos os sentimentos que a criança pode experimentar quando há separação, qual o que você identificaria como o mais forte? Por quê?
3. Os sentimentos da criança em relação ao divórcio se comparam aos do luto. De que maneira o divórcio e a morte se assemelham? O que morre? O que continua vivendo?
4. Examine os sentimentos penosos explorados na segunda parte deste capítulo. Note a progressão de um para outro. Como cada um desses sentimentos pode ser reduzido ou transformado em sentimentos positivos e que promovem a cura?

Capítulo 6 — O que as Crianças Aprendem com o Divórcio?

1. O divórcio é uma experiência de aprendizado — para o bem ou para o mal. O que o conflito ensina às crianças?
2. Por que os comportamentos e reações positivos e saudáveis são mais difíceis de modelar diante dos filhos do que os destrutivos?
3. As seis sugestões que ajudam a formar a resistência, dadas neste capítulo, podem ajudar a todas as crianças e

não só as que estão passando por uma situação de divórcio. Escolha uma dessas sugestões e liste maneiras práticas para implementá-la com seus filhos.

4. Você tem dificuldade em ser sincero com seus filhos? Por quê?

Capítulo 7 — A Ansiedade e o Filho do Divórcio

1. Por que os filhos têm tendência à ansiedade e o que ameaça a segurança da criança por ocasião do divórcio?
2. Até que ponto você teme a rejeição? Você pode traçar a origem deste medo na sua vida?
3. Recapitule as três categorias de sintomas da ansiedade. Qual é o mais difícil de enfrentar para você?
4. Por que é importante para o pai compreender os sentimentos do filho? Isto influencia como a criança se ajusta ao divórcio?

Capítulo 8 — A Ira e o Filho do Divórcio

1. A ira da criança nem sempre se manifesta abertamente. De que outras formas ela pode revelar-se?
2. O que significa ira passiva? Você sabe reconhecer os comportamentos na ira passiva?
3. Nossa cultura é extremamente confusa quanto à ira ser ou não adequada. Recapitule as diferenças entre o sentimento e o comportamento da ira. Qual deles é apropriado para o cristão?
4. Os homens e os meninos geralmente têm algo em comum quando se trata de emoções? O que é e como podemos ajudá-los a vencê-lo?

Capítulo 9 — Aumentando a Auto-Estima de Seu Filho

1. O que pode prejudicar o desenvolvimento da auto-estima da criança?
2. De que maneira o amor de si mesmo é diferente da auto-estima e como a auto-estima elevada difere da presunção?

3. Que erros você cometeu ao formar a auto-estima de seu filho?
   O que pode fazer para corrigir esta situação?
4. De todas as formas que o divórcio pode prejudicar a auto-estima de uma criança, qual você pensa (ou que experimentou) que é a mais prejudicial?

Capítulo 10 — A Depressão e o Filho do Divórcio

1. Por que o divórcio causa depressão nas crianças? Há meios de evitar isto?
2. Qual o propósito desta depressão?
3. Quando você sofre uma perda, pode reconhecer os sinais da depressão em si mesmo? Qual o mais visível?
4. Desenvolvemos melhor a perspectiva sobre as nossas perdas quando falamos sobre elas, mas as crianças geralmente não têm facilidade para falar sobre os seus sentimentos. Que outros meios podem ser usados para ajudar as crianças a expressarem os seus sentimentos?

Capítulo 11 — O Seu Ex-Cônjuge Continua Sendo um Pai

1. Por que um dos pais geralmente quer afastar completamente o outro dos filhos após o divórcio?
2. Que barreiras tornam quase sempre mais difícil para o pai ausente formar um bom relacionamento com os filhos que ficaram para trás?
3. Como essas barreiras podem ser reduzidas?
4. Que fatores tornariam um ex-cônjuge inadequado como pai?

Capítulo 12 — Tornando-se um Padrasto (Madrasta)

1. Não é fácil ser padrasto. Da perspectiva da criança, que fantasias desmoronam com o novo casamento?
2. Coloque-se na posição da criança. Como você se sentiria com o novo casamento de seu pai (mãe)?

3. Que conselho você daria aos seus pais sobre como lidar com a idéia de um novo casamento?

Capítulo 13 — Tornando-se um Pai Sozinho (Descasado)

1. Por que é mais difícil criar os filhos sozinho do que como casal?
2. Discuta os benefícios e desvantagens do pai sozinho.
3. A interação do trabalho com a família é mais complicada para a mãe do que para o pai. O que as mães devem fazer para minimizar esta interação?
4. Os pais sozinhos (assim como os casados) devem pôr a descoberto a expressão emocional de sua personalidade mais profunda. Quais alguns dos meios do pai fazer isto?
5. Discuta maneiras da igreja ajudar os pais sozinhos a serem mais eficientes.

Capítulo 15 — Construindo uma Família Mista

1. O que a pessoa leva do casamento anterior para a família mista? Por que é importante ter conhecimento desta projeção?
2. Quais os obstáculos para a formação de uma família mista bem-sucedida? O que pode ser feito para vencer esses obstáculos?
3. Que objetivos você quer estabelecer para a sua nova família?
   Eles são atingíveis?
4. Que conflitos você está experimentando neste estágio da sua vida? Que planos pode fazer para resolvê-los?

Impressão e Acabamento
na Gráfica Imprensa da Fé